From the library of

SOPHENE

Published by Sophene 2025

Book 1 of the *History of the Armenians* by Movses of Xoren was translated into English by Robert Bedrosian in 2024. Chapters 1, 2, 4, 5 were translated by Beyon Miloyan. This edition is Book I of III.

A searchable, digital copy of the English translation can be accessed at: www.aypeke.com /moses-of-xoren

www.sophenebooks.com

ISBN-13: 978-1-923051-20-1

ՄՈՎՍԻՍԻ ԽՈՐԵՆԱՑԻՈՅ

ՊԱՏՄՈՒԹԻՒՆ ՀԱՅՈՑ

ԳԻՐՔ Ա.

ՏՊԱՐԱՆ
ԾՈՓՔ
Լոս Անճելըս

MOVSES OF XOREN

HISTORY
OF THE
ARMENIANS

IN THREE VOLUMES OF CLASSICAL ARMENIAN
WITH AN ENGLISH TRANSLATION BY
ROBERT BEDROSIAN

BOOK I

SOPHENE BOOKS
LOS ANGELES

For Beyon Miloyan

TRANSLATOR'S PREFACE

The *History* attributed to Movses of Xoren (Xorenatsi) consists of three Books plus a fourth short section of legends placed between Books One and Two. Book One, in 33 chapters, contains an account of the prehistory of the Armenian people and of the lands they came to inhabit, including information about the early patriarchs and legends—material which long predates the writing of Armenian with its own alphabet (5th century A.D.). Book Two, in 92 chapters, describes the rise and rule of the Arsacid clan in Persia and Armenia, the origins of the great lordly (naxarar) clans, the historical periods of the Roman Republic and Roman Empire, and local events through the fourth century including the Christianization of the country. Book Three, in 68 chapters, describes fifth-century events including the creation of the Armenian alphabet by Mesrop, and of a Christian literature using that alphabet. Book Three ends with the deaths of Saints Sahak and Mesrop. The author says that he himself lived in this period, participated in translating works from Greek into Armenian, and wrote his *History* at the request of a patron, Sahak Bagratuni.

Movses' composition includes frequent asides to Sahak Bagratuni and also questions to him. Not only does Movses praise Sahak for his foresight in requesting a general history of Armenian antiquities, but asks if he wants more or less writing on a particular ruler or theme. Apparently Sahak loved folktales, and Movses—occasionally showing exasperation—complies and supplies them, while blaming Sahak's youth for the interest. Movses complains that the inclusion of so much fantasy compromises his plans for the structure of the work. Perhaps the separated section of fables between

TRANSLATOR'S PREFACE

Books One and Two was based on this consideration. In any case, Xorenats'i's composition is an astonishing and beautiful piece of work. The Classical Armenian is awe-inspiring, with words and usages not seen elsewhere, and the material is carefully and gracefully arranged. The content is dazzling in its variety and richness.

Movses' *History* is best regarded as a "cultural object." The historical period embraced in its three Books extends from the first millenium B.C. to the mid-5th century A.D. However, despite its title, it is much more than a history. It also contains invaluable information about the archaeology, ethnography, culture, and folklore of the Armenians and their predecessors in Asia Minor, the Caucasus, and Mesopotamia, as well as some information about the related history of neighboring peoples.

Controversy surrounds many aspects of the work. There is an extensive literature devoted to its study. We refer readers to this material rather than attempting to summarize the arguments involved. A general appreciation of the volume of scholarly writings on Movses and his work may be had by a look at Petros Hovhannisyan's 440 page bibliography and study.[1] Hovhannisyan's edition catalogs and characterizes the many publications of the Classical Armenian texts, the translations, and studies that deal with Xorenats'i's *History*, other works attributed to him, and the enigmatic author himself.

For almost two hundred years, the main controversy has concerned the date of the author. Movses claims to be living in the late 5th century, but the work shows signs of later hands. The two positions—*either* 5th-century *or* a later date—are reflected in scholarly articles by Frederick Cornwallis Conybeare for the 5th century, and Cyril Toumanoff for later centuries.[2,3] The absolutism and acrimony which had often characterized this discussion finally began to change in the late 20th century.

In the introduction to their French translation of Movses of Xoren's *History*,[4] Jean-Pierre and Annie Mahé emphasized the multidimensional nature of the work and suggested that, like other legitimate 5th-century sources (such as Agat'angeghos' *History*), underwent some changes over the centuries and that, like Agat'angeghos' work, what has come down to us may not be an unaltered text. This very reasonable proposal would neatly account for the variety of post-5th century phenomena observed in the work over the past two centuries, and would allow those championing 7th-9th century dates to also claim partial victory. To us, it would also account for the various voices purporting to be Movses discernible in the complete work. Some of these, with their questionable diction and biographical information, would be later editors pretending to be the original author. The Mahés also consider Movses' Classical Armenian to be so vibrant as to suggest that Classical Armenian may have been his spoken language, unlike later authors.[a] The Mahés' 80-page introduction constitutes a foundational text for the study of Movses' *History*. The Mahés discuss the verifiable historical worth of the three Books, chapter by chaper, but conclude that Movses is often mistaken in his facts when they can be checked against other sources. Even so, none of his factual errors—such as conflating several kings with the same name, or merging royal dynasties—disqualify him from being a 5th-century author. Historical accuracy is only part of the story. Movses' work has extraordinary value on matters of archaeology, ethnography and culture. For example, the Western discovery of Urartian cuneiform was based on

---

a See p. 82.

TRANSLATOR'S PREFACE

Movses' descriptions, and so was the identification of Aramaic-inscribed stones which delimited borders. His comments on the Hellenistic temple at Gar'ni have been confirmed by Greek inscriptions. One of the most important works on Movses' *History* in over a century is Aram Topchyan's *The Problem of the Greek Sources of Movsēs Xorenac'i's History of Armenia*.[5] In this balanced investigation, the author meticulously compares Movses' references to the Greek sources with their originals (extant or fragmentary), and makes some remarkable discoveries in favor of Movses' assertions. The author's introduction contains a discussion of the history of scholarly criticism of Movses' *History*, which is probably the best available, and also quite humorous.

Welcome changes have been introduced into the discussion also by Giusto Traina,[6-8] who finds that the substantial information about Parthian and Sasanian institutions and history provided by Movses does not reflect a date much beyond the 5th century. Perhaps the level of detail provided may in fact confine the material to the 5th century.

—

The translation below was made from the critical edition of the Classical Armenian text.[9] It is a result of our dissatisfaction with Robert W. Thomson's English translation[10] and also a desire for an accurate, copyright-free edition. Thomson's publication was greatly criticized for its biases and methodological problems;[b] the work was reissued with some corrections and additional bibliography in

---

b   See the section "Modern Studies" in the Wikpedia entry Movses Khorenatsi, for additional bibliography.

2006, but the problems in the translation observed below were not addressed. These problems fall into three general categories:

1. Mistranslation.

2.11:
Thomson: "his sister Artasham"
should be: "his daughter Artasham"
[zdustr iwr zArtashamay].

2.16
Thomson: "But Gabianus was unable to resist Tigran"
should be: "But Gabianus did not dare to oppose Tigran"
[och' ishxeats' i dimi harkanel Tigranay]

2.16
Thomson: "his cousin"
should be: "his nephew [sister's son]"
[zk'er'ordin nora]

2.19
Thomson: "He was opposed by a certain Pacorus"
should be: "A certain Pacorus came before him"
[Nma e"nd ar'aj lini omn Pakaros anun]

2.24
Thomson: "In the twenty-fourth year"
should be: "In the twentieth year"
[i k'sannerordi ami]

TRANSLATOR'S PREFACE

2.51

Thomson: "all the villages to the south of the Araxes"
should be: "all the villages to the north of the Araxes"
[e"st hiwsisoy Erasxay zamenayn giwghs]

2.68

Thomson: "then Arshavir for twenty-six years"
should be: "then Arshavir for forty-six years"
[apa Arshawir` ams k'ar'asun ew vets']

3.21

Thomson: "majordomo"
should be: "chief of the eunuchs"
[nerk'inapet]

The above is a partial list.

2. *Undertranslation.* The 5th-century Xorenatsi's terminology is precise and extensive. He uses a welter of terms to refer to institutions, offices, clan and noble hierarchies—terms whose nuances or even meanings are not clearly understood today, though it is clear that Movses understood them. Authors of the 7th century and later do not use such words often, if at all. When such specialized terms are "translated" to general words like "lord," "noble," "prince," as Thomson does often without further explanation, the text sheds some of its authenticity. It becomes "de-natured." We believe that Xorenats'i's extensive usage of specialized vocabulary should be considered evidence that the core text reflects a 5th-century reality.

3. Overtranslation. A number of geographical designations are modernized throughout. These are not grave errors to non-specialists, but they introduce imprecisions which are not in the original text. Atrpatakan is modernized to Azerbaijan; Iberia to is Georgia; Asia Minor to Anatolia. It is ironic that Thomson considered the appearance of Byzantine geographical terms in the text of Movses to be a clue to its post-5th century date, given that he has done the same thing, unwittingly, with his own modernizations.

—

Based on its language and content, this source probably dates from the late 5th century, as Armenian tradition claims. Its first editing and promulgation would have occurred in the 6th century. During the reign of Byzantine emperor Justinian (527–565) it might have had its geographical terminology "modernized" by an editor. The late 6th century happened to be a time of anti-Mamikonean sentiment, after Vardan II Mamikonean's failed rebellion against the Persians in 571-572 and his subsequent flight to Constantinpole. This was the start of the family's long decline in Armenian affairs. Thus the strong anti-Mamikonean sentiment in Xorenats'i does not necessarily have to reflect an 8th-century or post-8th-century reality, as has usually been thought. It could be a reflection of Movses' own negative sentiments of the 5th century, further enhanced with each subsequent edition, beginning as early as the 6th century.

Robert Bedrosian
Long Branch, New Jersey
2025

BIBLIOGRAPHY

1. Hovhannisyan, P. (2013). Movses Xorenats'i bibliography [Մովսես Խորենացի Մատենագիտություն]. Erevan.
2. Toumanoff. C. (1961). On the Date of Pseudo-Moses of Chorene. *Hande's Amso'reay*, 467-476.
3. Conybeare, F. C. (1901). The Date of Moses of Khoren. *Byzantinische Zeitschrift, 10*, 867-878.
4. Mahé J. P., & Mahe, A. (1993). Histoire de l'Arménie par Moïse de Khorène. Paris.
5. Topchyan, A. (2006). The Problem of the Greek Sources of Movsēs Xorenac'i's History of Armenia. Leuven.
6. Traina, G. (2001). Mosé di Khoren II 49, Mitridate di Pergamo e gli ebrei. In R. B. Finazzi & A. Valvo (Eds.), Pensiero e istituzioni del mondo classico nelle culture del Vicino Oriente (pp. 297-303).
7. Traina, G. (2007). Moïse de Khorène et l'Empire sassanide. In R. Gyselen (Ed.), Des Indo-Grecs aux Sassanides: données pour l'histoire et la géographie historique (pp. 158-179).
8. Traina, G. (2011). 428 AD: An ordinary year at the end of the Roman Empire. Princeton University Press.
9. Abeghean, M., Yarut'iwnean, S., & Malxaseants', S. (Eds.). (1913). Movses Xorenac'i's History of the Armenians [Մովսիսի Խորենացւոյ Պատմութիւն Հայոց]. Tiflis.
10. Thomson, R. W. (Trans.). (1978). Moses Khorenats'i: History of the Armenians. Harvard University Press.

MOVSES OF XOREN'S
HISTORY
OF THE
ARMENIANS

BOOK I

Ծննդաբանութիւն Հայոց Մեծաց

Ա

Պատասխանի թղթոյն Սահակայ, և խոստումն կատարեալ զհայցուածս նորա:

Մովսէս Խորենացի յաղագս մերոյս ի սկզբան յայսմ բանիցս Սահակայ Բագրատունւոյ խնդալ:

Զանսպառ խաղացմունս ի քեզ աստուածայնոցն շնորհացն և զանդուլ հոգւոյն ի վերայ քոց իմացուածոցդ զշարժմունս ծանեայ ի ձեռն գեղեցիկ խնդրոյս, յառաջ քան զմարմնոյդ՝ զհոգւոյդ ընկալեալ զծանուցութիւն. որ և սիրելի իսկ իմոց ախորժակացս է, առաւել ևս սովորութեանցըս: Վասն որոյ ոչ միայն գովել արժան է զքեզ, այլ և ի վերայ քո աղաւթել՝ առ ի լինել քեզ միշտ այսպիսի:

Զի եթէ վասն բանին մեք, որպէս ասի, պատկեր Աստուծոյ, և դարձեալ՝ Առաքինութիւն բանականին է խոհականութիւն, և քո յայսոսիկ անհատ ցանկութիւն՝ ապա ուրեմն գեղեցիկ մտածութեամբ զխոհականութեանդ քո վառ և բորբոք պահելով զկայծակն՝ զարդարես զբանն, որով մնաս առ ի լինելն պատկեր. ի ձեռն որոյ և զայսորիկ զսկզբնատիպն ասիս ուրախացուցանել, գեղեցիկ և չափաւոր մոլութեամբ յայսոսիկ մոլեալ և զակատեալ:

Առ որով տեսանեմ և զայս, զի եթէ որք յառաջ քան զմեզ և կամ առ մեաւք եղեն հարուստք և իշխանք աշխարհիս Հայոց, ոչ ընդ ձեռամբ անկելոց իւրեանց արդեաւք գտելոց իմաստնոց զայսպիսեացս հրամայեցին կարգել զյիշատակս բանից, և ոչ արտաքուստ ուստեք այսոցիկ ի ներքս ածել խորհեցան աւժանդակութիւնս իմաստից, և զքեզ այժմ այսպիսի եղեալ ծանեաք,—ապա ուրեմն յայտ է, թէ ամենեցուն քան զքեզ նախագունիցն ճանաչիս վեհագոյն, և բարձրագունից արժանաւոր գովութեանց, և յայնպիսի պատկանաւոր դնիլ յարձանագրութիւնս բանից:

Genealogy of Greater Armenia

—

1

Response to Sahak's letter and my promise to fulfill his request.

Movses Khorenatsi, in prelude to this composition, greetings and felicitations to Sahak Bagratuni.

I came to know the inexhaustible inspiration of divine grace and the sway of the indefatigable Spirit upon your mind through this lofty request of yours, having become acquainted with your soul before meeting you in person. Your request is dear to my affections and even more so to my practice. Thus, it is fitting for me not merely to praise you, but also to pray for you, that it may remain so with you always.

For if it is through the Word that we, as it is said, are the image of God, and if the virtue of reason is prudence, in which you have placed your ceaseless desire, then adorn the Word by which you remain in the image *of God* by keeping the flame of your prudence burning bright with majestic thoughts. By this you may be said to make this archetype rejoice, roused and impelled as it were by a majestic and temperate impulse.

Here I observe that the magnates and princes of Armenia (those who preceded us and who live among us alike) failed to command the wise men under their authority to record histories, and did not so much as think to import erudite talent from some place for this purpose. Yet having come to know you through just such an initiative, it is clear that you ought to be recognized as preeminent among all your predecessors and worthy of the highest praise befitting this dedication.

BOOK I

Յաղագս որոյ հեշտաբար ընկալեալ զքո խնդիրդ՝ աշխատասիրեցայց ածել ի կատարումն, յանմահ յիշատակ թողուլ զայս քեզ և որ զկնի քո գալոց են ազգք. զի և ազգի ես նախնականի, և քաջ և արգասաւոր՝ ոչ միայն ի բանս և ի պիտանաւոր խոհականութիւնս, այլ և ի մեծամեծս և ի բազում գործս արժանափառս. զորս յիշատակեսցուք ի կարգի պատմութեանս, յորժամ զորդի ի հայրէ ծննդաբանելով ազգաբանիցեմք զբովանդակն, իսկ զՀայաստանեայցս նախարարութիւնս, զամենեցուն զուստն և զգիարդն յայտնելով համառօտ և հաւաստի, որպէս ի յունականս կայ ի պատմութիւնս։

Thus, having gladly received your request, I will carry it through to completion as an undying memorial to you and your descendants to come. For you are of ancient stock, noble and fruitful, not only in words and indispensable prudence, but also in your numerous and most honorable works. These we shall record in their proper place in our "History" when we trace the genealogies of all the lineages from father to son. As for the naxarardoms of the Armenians, we shall reliably set forth their origins and circumstances as recorded in various Greek histories.

Բ

Թէ ընդէր, վասն զի Քաղդէացւոց և Ասորեստանեայց մատենից ցանկագոյն են մեր իրք, ի յունականէն կամեցաք մեք ցուցանել:

Եւ ընդ այս մի՛ ոք զարմասցի, եթէ բազում ազգաց լեալ մատենագիրք, որպէս ամենեցուն է յայտնի, մանաւանդ Պարսից և Քաղդէացւոց, յորս առաւել ազգիս մերոյ գտանին բազում ինչ իրաց յիշատակք, մեք զՅունացն միայն յիշեցաք զպատմագիրս, և անտի զյայտարարութիւն մերոյ ազգաբանութեանս խոստացաք յանդիման կացուցանել: Քանզի ոչ թագաւորքն Յունաց միայն` որպէս զաշխարհակալութեանն, այսպէս և որ ինչ իմաստութեան ջանք` փոյթ յանձին կալան աւանդել Յունաց, յետ զառտնին իւրեանց յարմարել իրս, որպէս և Պտղոմէոսն, որ և Եղբայրասէր, պէտ արարեալ զամենայն ազգաց զմատեանս և զվէպս ի յոյն լեզու փոխարկեաց—

(Բայց մի՛ ոք աստանաւր զմեզ անուսումն համարեալ բամբասիցէ իբրև զանվարժս ոմանս և զտգէտս, որպէս թէ Եգիպտացւոց լեալ թագաւոր` մեք այժմ զնա Յունաց գրեցաք: Քանզի նուաճեալ նորա և զՅոյնս ընդ իւրով ձեռամբ` անուանեցաւ Աղեքսանդրի և Յունաց թագաւոր, որպէս և ոչ մի ոք ի Պտղոմեանցն կամ յայլոցն տիրելոցն Եգիպտացւոց անուանեցաւ ոք երբէք. որ և վասն առաւել յունասէր բարս ունելոյ` ի յոյն լեզու զաշխատութիւն իւր ժողովեաց: Է և այլ բազում այսպիսի ինչ պատճառ վասն ասելոյն մեր զնա Յունաց թագաւոր. այլ վասն համառաւտելոյ զճառս` բաւական լիցի ասացեալս վասն նորա:)

2

As to why we chose to reference Greek sources when Chaldean and Assyrian books more favorably cover our subject matter.

Let none of my readers be puzzled as to why we promise only to reference Greek historians in our presentation of the genealogy of the Armenian nobles houses when the Greeks are clearly not the only historians, and when the Persians and Chaldeans in particular have written more about us than anyone else. For not only were the Greek kings diligent in transmitting accounts of both their conquests and their endeavors to attain wisdom, as in the case of Ptolemy, but they also saw the need to adapt the books and epics of all nations by having them translated into Greek.

(Now at this point let no one consider us as uneducated and slander us as being unversed and ignorant for calling the king of the Egyptians the king of the Greeks! For after submitting the Greeks, Ptolemy was called "king of Alexandria and of the Greeks", which no other Ptolemaic ruler—or any other ruler of Egypt, for that matter—was ever named, and he was so philhellenic that he even had his reign chronicled in Greek. There are many other such reasons for our calling Ptolemy king of the Greeks, but for brevity's sake let this suffice.)

—այլ և բազում արք անուանիք և իմաստութեան պարապեալք ի յունաց աշխարհէն՝ հոգացան ոչ միայն զգիրս դիւանացն այլոց ազգաց թագաւորացն և զմեհենիցն յեղուլ ի յոյն բան, և որպէս գտանեմք զայն, որ և զԲերոսոսն յայս յորդորեաց զայր քաղդէացի և զվարժ ամենայն իմաստութեամբ,—այլ և զմեծամեծս և զզարմանալոյ արժանաւորս յարուեստից. և ուրեք ուրեք գտեալ աշխատութեամբ, հաւաքեալ փոխեցին ի յոյն լեզու, որպէս զԱ. առ Ք. և զԹ. առ Փ. և զԿ. առ Ե. և զԾ. առ Թ. Եւ ժողովեալ զայսոսիկ արանց, զորոց և մեք զանուանսն հաւաստի գիտեմք՝ նուիրեցին ի փառս Հելլենացւոց աշխարհին։ Եւ գովելիք են, որպէս իմաստասիրեցեալքն, յաղագս ջանին և իմաստութեանն առ ի յայլոց լինելոյ գտակք, առաւել ևս որք ընկալան և պատուեցին զայսպիսի գիւտս իմաստից։ Վասն որոյ և զբոլոր իսկ զՅոյնս ոչ դանդաղիմ մայր կամ դայեակ ասել իմաստից։

Եւ վասն առ ի Յունաց զրուցաբանսն զակնարկութիւն մերոյ պիտոյիցս առնելոյ՝ բաւական է այսչափ։

And this was not only the case with Ptolemy, but also with many other figures and scholars from Greece, who took care not only to translate works from the royal archives of other nations (as we find in the case of him who implored Berosus—the Chaldean versed in all wisdom—in this task), but also sought out and collected the greatest and most worthy works from various places for this purpose: A from K, T from P, K from E, and Sh from T. These were all collected by men whose identities are known to us, and who dedicated these works to the glory of Hellas. These men ought to be praised as philosophers for their good sense and for their endeavors to seek out the works of other authors, but more than them we ought to praise those among the Greeks who accepted and honored such works of sages. Hence, I do not hesitate to call the whole of Greece the mother and nurse of the intellect.

This shall suffice concerning the necessity of our drawing from Greek authors.

Գ․

Յաղագս անիմաստասէր բարուց առաջնոցն մերոյ թագաւորաց և իշխանաց։

Կամիմ զանիմաստասէր բարս առաջնոցն մերոց նախնեացն ոչ առանց յիշատակի բամբասանաց թողուլ, այլ աստէն իսկ, ի սկզբան մերոյ գործառնութեանս, զվասն նոցա կշտամբութեան յարմարել զբանս։ Զի թէ արդարև արժանի գովութեան այնք ի թագաւորաց իցեն, որք գրով և պատմութեամբ զիւրեանցն հաստատեալ կարգեցին զժամանակս, և զգործս իմաստութեան և զքաջութիւն իւրաքանչիւր արձանացուցին ի վէպս և ի պատմութիւնս՝ ըստ նոցանէ և պարապեալքն այսպիսում ճգնութեան դիւանագիրք մատենից՝ ներբողականաց ի մէնջ արժանի եղեն ասից. ի ձեռն որոց և մեք յընթեռնուլն զառ ի նոցանէ շարածս բանից՝ ըստ աշխարհաւրէն կարգաց իմաստնանալ ասիմք, և քաղաքականս ուսանել կարգս, յորժամ զայսպիսիս ընթերցասիրիցեմք իմաստութեան ճառս և զրուցատրութիւնս, որք են Քաղդէացւոց և Ասորեստանեայց, Եգիպտացւոց և Հելլենացւոց. առ այսոքիւք և փափագիցեմք ևս արդեաւք իմաստութեան արանցն այնոցիկ, որ զայսպիսի փոյթ յանձին կալան. ապա ուրեմն ամենեցուն մեզ յայտնի է թագաւորացն մերոց և այլոց առաջնոցն առ ի յիմաստն տխմարութիւն, և անկատարութիւն ոգւոյն բանականի։ Զի թէպէտ և եմք ածու փոքր, և թուով յոյժ ընդ փոքու սահմանեալ, և զաւրութեամբ տկար, և ընդ այլով յոլով անգամ նուաճեալ թագաւորութեամբ՝ սակայն բազում գործք արութեան գտանին գործեալ և ի մերում աշխարհիս, և արժանի գրոյ յիշատակի, զոր և ոչ մի ոք ի նոցանէ պէտ յանձին կալաւ մատենագրել։ Արդ՝ այնոքիկ, որ և ոչ անձանց խորհեցան բարի առնել, և անուն յիշատակի յաշխարհի թողուլ, զի՞ արդեաւք և մեղադրութիւն մեր այնպիսեացն ի ճահ պատահիցէ, զևս մեծագոյնս ի նոցանէ պահանջել և որ ինչ հնագոյն քան զնոսա։

3

About the unlearned ways of our first kings and princes.

I do not want to leave the unlearned behavior of our first ancestors without a reproachful comment. Rather, at the very start of our work, *we wish to* describe the reason for censuring them. Truly worthy of praise are the *foreign* kings who, in writing and through histories, set forth and put in order *events of* their own times, recording the deeds of wisdom and bravery of each one in stories and histories. Similarly deserving of praise from us are those who, with painstaking labor, compiled books from archives. I say that it was through these accounts, when we read them, that we became informed about world events. *From them* we learned about the orders of the *different* polities, when we read such wise discourses and narratives *as* those of the Chaldeans, Assyrians, Egyptians, and Hellenes. Truly, it is the wisdom of such men, who so zealously undertook such matters, to which we aspire. It is clear to all that our own and other early kings lacked such interest because of their ignorance—the lack of development of their rational faculties. Although we are a small nation, and very limited in numbers, lacking in strength, and often conquered by others and subjected to their rule, nonetheless many deeds of valor were wrought in our land, worthy of being remembered in writing—*deeds* which not a single one of *our rulers* took the initiative to record. As for those *rulers* who did not think to do such a good thing for their own *reputations* and leave some repute *for themselves* as a memorial for the world, should we reproach them further, demanding from them *information* about what preceded them in antiquity?

Այլ ասիցէ ոք արդեաւք. վասն ոչ լինելոյ գիր և դըպրութիւն ի ժամանակին, կամ վասն պէս պէս պատերազմացն, որ կուռ զմիմեանց զկնի ի վերայ գային։ Այլ ոչ արդարև այսոքիկ կարծեցեալ լինի. քանզի գտանին և միջոցք լեալ պատերազմացն, և գիր Պարսից և Յունաց, որովք այժմ գիւղից և գաւառաց, ևս և իւրաքանչիւր տանց առանձնականութեանց, և հանուրց հակառակութեանց և դաշանց այժմ առ մեզ գտանին անբաւ զրուցաց մատեանք, մանաւանդ որ ի սեպհական ազատութեան պայազատութիւն։ Այլ ինձ թուի, որպէս այժմ՝ և առ հինսն Հայաստանեայցս լեալ անսիրելութիւն իմաստութեան և երգարանաց բանաւորաց։ Վասն որոյ աւելորդ է մեզ և այլ յաղագս արանց անբանից, թուլամտաց, վայրենեաց ճառել։

Բայց ընդ քո յոյժ զարմացեալ եմ ընդ մտացդ ծննդականութիւն, որ ի սկզբանցն մերոց ազգաց մինչև ցայժմուս միայն գտար զայսպիսւոյ մեծէ իրէ բուռն հարկանել, և մեզ խոյզ խնդրոյ առաջի արկանել, երկար և շահաւոր գործով զազգիս մերոյ կարգել զպատմութիւնն ճըշդիւ՝ զթագաւորացն և զնախարարականաց, ազգաց և տոհմից, թէ ո՛վ յումմէ, և զի՛նչ իւրաքանչիւր ոք ի նոցանէ գործեաց, և ո՛վ ոք ի ցեղիցս որոշելոց ընտանի և մերազնեայ, և ո՛յք ոմանք եկք ընտանեցեալք և մերազնացեալք. և զգործս և զժամանակս իւրաքանչիւր գրով դրոշմել, ի ժամանակէ անկարգ ամբարտակին շինուածոյ մինչև ցայժըմ. գեղեցիկ զայս քեզ համարեալ ի փառս և անչան հեշտութիւն։

MOVSES OF XOREN'S HISTORY

Now some might say that *this lack of histories* was the result of *the Armenians* not having writing or literature at the time, or due to the different wars which came one after the other. But this view is not correct, since there were intervals *of peace* between the wars, and writing systems of the Persians and Greeks *existed*—which are used today among us in the many books containing information about properties in the villages and districts, and each House *has written accounts* of their individual controversies and pacts, especially those that concern the succession of the noble families. Rather, it seems to me that the people of Armenia today, just as in the past, had a dislike of wisdom and *of* collections of wisdom songs. Therefore, it is superfluous to continue our narration about unreasonable, stupid and savage people.

But I marvel at the fertility of your mind, that from the beginning of our nation to the present, you turned out to be the only one able to undertake such an important task and invite us to investigate—in a large and useful work—and reliably set forth the history of our people, *to write* about kings and naxarars, noble lines and families, about their origins, about the deeds of each of them, about which of the noted clans are local and our own, and which of them were immigrants who settled here and merged with us, *in other words*, to describe in writing the deeds and times of each of them, from the time of confusion at the building of the Tower *of Babel* to the present, regarding this as a lovely tribute to you, for your glory and untiring pleasure.

BOOK I

Առ որ այսչափ միայն ասացից․ միթէ մատեա՞ն մերձ կայցէ ինձ, որպէս ասի ի Յովբ, կամ դպրութիւն քոց հայրենեացն, որով նմանագոյնս արդեաւք Եբրայեցւոցն պատմագրաց՝ ի վերուստ ի քեզ իջուցանիցեմ անսխալ, կամ ի քէն և յայլոց սկսեալ՝ անդր ի վեր հանիցեմ ի սկիզբն։ Բայց սակայն սկսայց, թէպէտ և ջանիւ․ միայն թէ շնորհակալ ոք մերոցս գտանիցի աշխատութեանցս։ Եւ սկսայց՝ յորոց և այլքն, որք յեկեղեցւոջ և ոյք ըստ Քրիստոսի, աւելորդ համարելով զարտաքնոցն երկրորդել յաղագս սկզբանն առասպելս, բայց եթէ զկնիսն՝ ժամանակս ինչ արդեաւք և զարս յայտնիս, որում և աստուածայինքն ի ճահ գայցեն պատմութիւնք բանից․ մինչև ի հարկէ երթեալ հասանիցեմք ի հեթանոսականսն գրուցատրութիւնս․ սակայն և ի նոցանէ՝ զոր ինչ հաւաստին կարծեմք, առնուլ։

Now, then, I conclude with this: "Is there a book near me?" as is said in Job,[1] or does your homeland have a literature that I can, like the Hebrew historians, bring down to your time from the beginning without fault—or, if you prefer, take up to the beginning, starting with you and your contemporaries? So, then, I shall set out on this task, albeit effortfully, *in hopes that* even one person from among us will be found grateful for these labors. I will begin at the same place as the others—I mean those in the church and who are in keeping with Christ—considering it superfluous to repeat the legends of secular writers about the beginning, though we shall mention some of the later times and the famous men where the Divine Scriptures concur. *Then we shall* advance necessarily to pagan narratives, from which we will take what we consider to be reliable.

---

1 Job 37:20 (LXX).

Դ

Յաղագս զի ոչ սակս Ադամայ և այլոց նահապետացն միաբանեցան այլքն ի պատմագրաց:

Յաղագս Արմատոյն հանուր մարդկութեանս, կամ թէ հաճոյ ումեք թուիցի ասել ծայրին, պարտ էր մեզ սակաւ ինչ անցանել բանիւ, թէ ընդէ՞ր հակառակ Հոգւոյն խորհեալ՝ անմիաբանեցան այլքն ի պատմագրաց, զԲերոսեայ ասեմ, զԲազմավիպէն և զԱբիւդենայ. կամ զնոյն ինքն զՆաւակառուցէն և զայլոց նահապետացն, ոչ միայն վասն անուանց և ժամանակաց, այլ և վասն ոչ սկիզբն զառ ի մէնջ հաւատարմացեալս կարգելոյ ազգի մարդկան։

Քանզի ասէ վասն նորա Աբիւդենոս հանգոյն այլոցն այսպէս. «Եւ զնա ամենախնամն Աստուած եցոյց հովիւ և առաջնորդ ժողովրդեանն։ Յետ որոյ ասէ. «Թագաւորեաց Աղովրոս շարս տասն», որ լինին ամք երեսուն և վեց հազար։ Նոյնպէս և յաղագս Նոյի այլով անուամբ վարին և ժամանակաւք անբաւիւք. թէպէտ և վասն ջրոյն սաստկութեան և վասն ապականութեան երկրի՝ զոյգ հոգևորացն բարբառին բանից. նոյնգունակ և զթիւ նահապետացն տասն՝ Քսիսութրեաւ հանդերձ թուեն։ Որ ոչ միայն ըստ բոլորման առ ի յարեգականէ չորեքժամանակեան ըստ մեզ լինելոյ տարւոյն՝ հեռանայ յամաց մերայնոցն, մանաւանդ թէ և յաստուածայնոցն, այլ և ոչ որպէս Եգիպտացիքն զլուսնականսն հաշուեն ծագմունս. նա և ոչ, զառ ի դիցն ոմանց ասացեալս թէ տարիս ոք վարկցի՝ զուգեալ համեմատէ անհուն թուոց առարկութեանցս առ ի հաւասարել ճշմարտութեանն, երբեմն նուազ և երբեմն սաստիկ զհաւաքումն գումարելով։

4

As to why other historians were not in agreement about Adam and the other patriarchs.

Concerning the root of all mankind—or, if one prefers, its point of origin—it is necessary to say a few words as to why other historians, namely, Berosus, Polyhistor and Abydenus, thought contrary to the Spirit and disagreed *with Scripture* regarding Adam, as well as about the ark-builder and the other patriarchs—not only about their names and times, but also about the accounts of the origin of mankind in which we believe.

For Abydenus, like the others, says of Adam: "All-provident God showed him to be the shepherd and leader of the people," after which he says: "Alorus *the first Chaldean king to rule in Babylon,* reigned for ten sars," which is 36,000 years. So too does he treat Noah by a different name[2] and with infinite time.[3] But although these historians concur with Scripture regarding the deluge and the destruction of the earth, and count 10 patriarchs, including Xisut'ra, in the same way, their calendar years diverge from ours according to the turn of the four seasons relative to the sun, as well as from the Biblical calendar and from the Egyptian lunar calendar. And if one were to also take pagan calendars into consideration, he would not be able to equate them due to the immense difficulty in computation.

---

2 i.e., Xisut'ra.
3 18 sars.

Արդ աւրէն էր մեզ աստանաւր զկարծիս նոցա յայտնել ըստ կարողութեան, թէ զի՛նչ իւրաքանչիւր ոք ի նոցանէ խորհեցան այսպէս զայսոսիկ գրել. այլ վասն երկարութեան առաջիկայ գործոյս՝ այլում տեղւոյ և ժամանակի զայսոսիկ թողեալ, հատցուք աստանաւր զբանս, սկսանելով յաղագս այսորիկ՝ որպէս և հաւատացեալ եմք։

Ադամ նախաստեղծ. սա կեցեալ ամս երկերիւր և երեսուն՝ ծնանի զՍէթ. Սէթ կեցեալ ամս երկերիւր և հինգ՝ ծնանի զԵնովս։ Սորա երկուքն յարձանագրութեանցն ընդդէմ երկուց հանդերձելոցն, որպէս ասէ Յովսեպոս. թէպէտ և ուրն անյայտ է։ Ենովս, որ առաջին յուսացաւ կոչել զԱստուած։

Եւ ընդէ՞ր արդեաւք այս, և կամ վասն որո՞ց պատճառանաց նախ սա յուսացեալ կոչելոյն զԱստուած, և կամ ո՞րպէս կոչելն իմանի։ Քանզի է Ադամ ճշմարտապէս աստուածաստեղծ, և սա ի բերանոյ Աստուծոյ առեալ ասի պատուէր, այլ և յանցուցեալ և ի թագստեան եղեալ՝ զՈ՞ւր եսն յԱստուծոյ և ոչ յայլմէ ումեքէ հարցանի. սապէս և զվճիռ վարկին ի նորին բերանոյ լսէ։ Իսկ յետոյ և Աբէլ մերձաւոր և ծանաւթ Աստուծոյ լեալ՝ պատարագ մատուցանէ, և ընկալեալ լինի։ Արդ՝ սոցա այսպէս յընդունելութիւն և ի ծանաւթութիւն Աստուծոյ լեալ՝ ընդէ՞ր առաջին սա ասի կոչել զԱստուած, և այս՝ յուսով։ Արդ՝ զայլսն վասն սորա ի տեսութեանց ի հրաւիրեալն մեր յուղարկեսցուք տեղի. իսկ որ առ ձեռն պատրաստն է՝ ասասցուք։

So while it behooved us to express the opinions of these historians to the best of our ability, we now set them aside for another place and time due to the length of the present work, and pick up with the accounts in which we have trusted.

Adam the progenitor: He lived 230 years and begot Seth. Seth lived 205 years and begot Enos.[4] They both left inscriptions regarding two future events, as *Flavius* Josephus says, though the whereabouts of these inscriptions are uncertain. Enos was the first who wished to call on the name of God.[5]

But why? For what reasons did he first hope to call on the name of God? And how are we to understand his calling upon God? For Adam was truly created by God, and as it is said he had been commandeded by the mouth of God. Yet transgressing God's command and going into hiding, he was only asked by God: "Where are you?"[6] And in the same way did he hear his sentence from God's mouth. Then Abel, being close and acquainted with God, brought an offering, and it was accepted. So if these were accepted and known to God, why is Enos said to be the first to have called upon God, and with hope at that? Let us now address this matter directly:

---

4 Genesis 5:3-6 (LXX).
5 Genesis 4:26 (LXX).
6 Gensis 3:9.

Քանզի ի պատուիրանազանցութեան գտեալ առաջինն ի մարդկանէ ի դրախտէն և յԱստուծոյ, չարին աղագաւ, որպէս ասացեալ է, գտանի արտաասահմանեալ: Զկնի և ընտանեգոյնն Աստուծոյ յորդւոցն Ադամայ՝ ի հարազատէն իւրմէ սպանանի յեղբաւրէ: Յետ որոյ ոչ բանի ինչ աստուածայնոյ և ոչ յայտնութեան ինչ իրիք եղելոյ, ի տարակուսանս և յանյուսութիւն ազգ մարդկան հատեալ լինի, այլ և յինքնահաճոյ արդարև գործս. յորոց միջի սա քաջայոյս եղեալ ուղղութեամբ հանդերձ կոչէ զԱստուած: Իսկ կոչելդ կրկնակի իմանի. կա՛մ անուանել որպէս զմոռացեալ, կամ յաւգնականութիւն կարդալ: Արդ՝ անուանելն որպէս զմոռացեալ՝ ոչ է ի դէպ. զի ոչ բազմութիւն ամաց ընդ մէջ անցեալ, որ ի մոռացումն նոցա զԱստուածդ ածէր զանուն և կամ զնոյն ինքն՝ որոյ անունն, և ոչ դարձեալ մահու և թաղման դեռ ևս յԱստուծոյ ստեղծեալն հասեալ էր: Ապա ուրեմն յաւգնականութիւն կոչէ սա զԱստուած:

Սա կեցեալ ամս հարիւր և իննսուն՝ ծնանի զԿայինան. Կայինան կեցեալ ամս հարիւր և եաւթանասուն՝ ծնանի զՄաղաղայէլ. Մաղաղայէլ կեցեալ ամս հարիւր վաթսուն և հինգ՝ ծնանի զՅարեդ. Յարեդ կեցեալ ամս հարիւր վաթսուն և երկու՝ ծնանի զԵնովք. Ենովք կեցեալ ամս հարիւր վաթսուն և հինգ՝ ծնանի զՄաթուսաղայ: Սա յետ ծնանելոյն զՄաթուսաղայ՝ ամս երկերիւր արժանի և հաճոյ վարս ստացեալ, որպէս գիտէ որ հաճեցաւն, փոխեալ ասի ի միջոյ ամբարշտաց. զորոյ զպատճառն յետոյ հատուսցուք: Մաթուսաղայ կեցեալ ամս հարիւր վաթսուն և հինգ՝ ծնանի զՂամեք. Ղամեք կեցեալ ամս հարիւր ութսուն և ութ՝ ծնանի որդի, և անուանէ զնա Նոյ:

For the first of mankind was found to transgress the command and was banished from the garden and from God, as it is said, because of the evil one. Then Adam's son, who was the closest to God, was killed by his own brother, and there was not a word or revelation from God. Mankind fell into doubt, hopelessness and self-indulgence, and then Enos called on the name of God, full of faith and uprightness. Now this calling upon God can either denote a calling unto something that had been forgotten or an invocation of assistance. The former sense is not apt here because not so many years had passed for the name of God or the One it denotes to have been forgotten, considering that the man who was created by God—*that is, Adam*—had not yet even died. Therefore, it is an invocation for the assistance of God.

Enos lived 190 years and begot Cainan; Cainan lived 170 years and begot Maleleel; Maleleel lived 165 years and begot Jared; Jared lived 162 years and begot Enoch; Enoch lived 165 years and begot Mathusala. After he begot Mathusala he lived for another 200 worthy and pleasing years, as the one whom he pleased knows, for He took him away from among the ungodly ones, which we will expound later. Mathusala lived 165 years and begot Lamech; Lamech lived 188 years and begot a son, and he named him Noah.[7]

---

[7] Genesis 5:9-28.

BOOK I

Յաղագս Նոյի:

Եւ ընդէ՞ր արդեաւք զսա միայն որդւոյ անուամբ յորջորջեաց, իսկ վասն այլոցն ամենեցուն պարզաբար ասաց, թէ ծընան. զորմէ ընդդէմ իմն մարգարէանայ հայրն. «Սա, աէ, հանգուսցէ զմեզ ի գործոց և ի տրտմութենէ ձեռաց և յերկրէ՝ զոր անէծ տէր Աստուած։ Որ եղև ոչ հանգիստ, այլ ջնջումն որ ինչ միանգամ ի վերայ երկրի։ Ինձ թուի՝ հանգուցանելն դադարեցուցանել է. իսկ դադարեցուցանելն՝ զամբարշտութիւն և զչարիս, սատակմամբ մարդկան զազրագործաց դարուն երկրորդի։ Քանզի գեղեցկաբար ասաց, թէ «ի գործոց մերոց», որ է յանաւրէնութեանց, «Եւ ի տրտմութենէ ձեռաց», որովք կատարեմք զպղծութիւնս։ Բայց և հանգչին արդարև ըստ այսմ մարգարէութեան ոչ ամենեքին, այլ կատարեալքն յառաքինութեան ոգիք, յորժամ չարիք որպէս հեղեղաւ ջնջեալ մաքրին, իբր առ Նոյիւ մոլեալքն ի չարիս։ Իսկ որդւոյ անուամբ մեծարեաց զնա Գիր՝ իբրև զյայտնի և զնշանաւոր և զարժանաւոր ժառանգ հայրենեացն առաքինութեանց։

Concerning Noah

Now whereas it is simply said of all others that they were begotten, why is only Noah called an offspring? Noah, of whom his father prophesied, that "He will cause us to repose from our works, and from the toil of our hands, and from the earth, which the Lord God has cursed"?[8] There was no repose, in fact, but only the extinction of what was upon the earth. Therefore, it seems to me that repose here means to cease—to cease from impiety and evil through the destruction of the dissolute men of the second age. For he eloquently says "from our works," which is from iniquity, and "from the toil of our hands," with which we contaminate. Indeed, not everyone reposed according to this prophecy, except for the souls of perfect virtue when the evils of those who had strayed in Noah's day were submerged, wiped out and purified. And Scripture honored Noah by calling him "son" as a mark of his being a prominent, notable and worthy heir of his ancestral virtues.

---
8 Genesis 5:29.

Ե

Յաղագս ճաւասար գալոյ ազգաբանութեան երից որդւոցն Նոյի ցԱբրաճամ և ցՆինոս և ցԱրամ. և թէ Նինոս ոչ է Բէլ և ոչ որդի Բելայ:

Եւ այս յայտնի է ամենեցուն, զի դժուարահաւաք և տաժանելի է որպէս գիւտ ժամանակացն ի սկզբանէ մինչև առ մեզ՝ առաւել ևս գիւտ նախարարականաց ազգաց ծննդոց յերից որդւոցն Նոյի, ցորքան կամք իցեն խուզել ումեք ըստ իւրաքանչիւր դարուց։ Մանաւանդ զի աստուածայնոյն Գրոյ գիւրսն ի բաց հատեալ յինքն սեպհական ազգ՝ ելիք զայլոցն իբր զարհամարհելեացն և իւրոց անարժան կարգելոց բանից։ Զորոց մեք սկսեալ ճառեսցուք՝ որքան է կարողութիւն, որպէս գտաք զհաւաստին ի հնոց պատմութեանց, մերով մասամբ ամենևին անսուտ։ Իսկ դու, ով ուշիմ ընթերցասէրդ, հայեա՛ց աստանաւր ընդ հաւասարութիւն կարգի երից ազգացդ մինչև ցԱբրահամ, ցՆինոս և ցԱրամ, և զարմացի՛ր։

Սեմ կեցեալ ամս հարիւր, յետ երկուց ամաց ջրհեղեղին, ըստ աստուածային բանից, ծնանի զԱրփաքսաթ։

Սեմ

Սեմ ամս հարիւր՝ ծնանի զԱրփաքսաթ։ Արփաքսաթ ամս հարիւր երեսուն և հինգ՝ ծնանի զԿայինան։ Կայինան ամս հարիւր և քսան՝ ծնանի զՍաղայ։ Սաղայ ամս հարիւր և երեսուն՝ ծնանի զԵբեր։ Եբեր ամս հարիւր երեսուն և չորս՝ ծնանի զՓաղեկ։ Փաղեկ ամս հարիւր երեսուն և երիս՝ ծնանի զՌագաւ։ Ռագաւ ամս հարիւր և երեսուն՝ ծնանի զՍերուք։ Սերուք ամս հարիւր և երեսուն՝ ծնանի զՆաքովր։ Նաքովր ամս եաւթանասուն և ինն՝ ծնանի զԹարայ։ Թարայ ամս եաւթանասուն՝ ծնանի զԱբրահամ։

5

A comparison of the genealogies of the three sons of Noah to the time of Abraham, Ninus and Aram; Ninus is neither Belus nor his son.

It is clear to everyone how arduous the work of discovery is concerning events from the beginning of time down to the present. However much one may wish to examine each age, it is even more difficult to trace the genealogies of the patriarchal lines of Noah's three sons. This is chiefly because Divine Scripture, by delineating its own *chosen* lineage, has passed over the lineages of others as unworthy of record. It is with these lineages, therefore, that we shall begin, to the extent possible, relying on what we have ascertained from ancient sources to be reliable, and striving to remain truthful. Now, I direct your attention, astute reader, to the concordance we find in the three lines *of Noah's sons* terminating with Abraham, Ninus and Aram.

Sem lived for 100 years and begot Arphaxad two years after the flood, according to Divine Scripture.[9]

Sem

Sem lived for 100 years and begot Arphaxad. Arphaxad lived for 135 years and begot Cainan. Cainan lived 120 years and begot Sala. Sala lived for 130 years and begot Eber. Eber lived for 134 years and begot Phaleg. Phaleg lived for 133 years and begot Ragav. Ragav lived for 130 years and begot Serug. Serug lived for 130 years and begot Nachor. Nachor lived for 79 years and begot Terah. Terah lived for 70 years and begot Abraham.[10]

---
9 Genesis 11:10.
10 Genesis 11:12-26; 1 Chronicles 1:17-27.

Քամ

Քամ ծնանի զՔուշ։ Քուշ ծնանի զՄեստրայիմ։ Մեստրայիմ ծնանի զՆեբրովթ։ Նեբրովթ ծնանի զԲաբ։ Բաբ ծնանի զԱնեբիս։ Անեբիս ծնանի զԱրբէլ։ Արբէլ ծնանի զՔայաղ։ Քայաղ ծնանի զմիւս Արբէլ։ Արբէլ ծնանի զՆինոս։ Նինոս ծնանի զՆինուաս։

Յաբեթ

Յաբեթ ծնանի զԳամեր։ Գամեր ծնանի զԹիրաս։ Թիրաս ծնանի զԹորգոմ։ Թորգոմ ծնանի զՀայկ։ Հայկ ծնանի զԱրամանեակ։ Արամանեակ ծնանի զԱրամայիս։ Արամայիս ծնանի զԱմասիայ։ Ամասիայ ծնանի զԳեղամ։ Գեղամ ծնանի զՀարմայ։ Հարմայ ծնանի զԱրամ։ Արամ ծընանի զԱրայն գեղեցիկ։

Արդ զԿայինան չորրորդ ի Նոյէ ամենայնք ի ժամանակագրացն գրեն, և ի Սեմայ երրորդ։ Նոյնպէս և զԹիրաս՝ չորրորդ ի Նոյէ, իսկ ի Յաբեթայ երրորդ․ թէպէտ և ըստ մերում թարգմանութեանս ոչ ուրեք ի բնագրի գտանի։ Իսկ զՄեստրայիմ չորրորդ ի Նոյէ և երրորդ ի Քամայ՝ ոչ ի մերում թարգմանութեանս և ոչ ի ժամանակագրաց ուրեք կարգեալ գտանեմք։ Այլ այսպէս զսա կարգեալ գտաք ի յուշմագունէ և յընթերցասիրէ ումեմնէ Ասորւոյ․ և հաւատարիմ թուեցաւ մեզ ասացեալն։ Քանզի Մեստրայիմդ է Մեծրայիմ, որ իմանի Եգիպտոս․ և բազումք ի ժամանակագրաց զՆեբրովթ, որ է Բէլ, եթովպացի գոլ ասելով՝ հաւանեցուցին զմեզ այսպէս հաւաստի լինել, յաղագս բնակութեան սահմանացն ընդ Եգիպտոս։

Ham

Ham begot Cush. Cush begot Misrayim. Misrayim begot Nimrod. Nimrod begot Babus. Babus begot Anebus. Anebus begot Arbelus. Arbelus begot Chaalus. Chaalus begot the other Arbelus. Arbelus begot Ninus. Ninus begot Ninuas.[11]

Japheth

Japheth begot Gomer. Gomer begot Tiras. Tiras begot Torgom. Torgom begot Hayk. Hayk begot Aramaneak. Aramaneak begot Aramais. Aramais begot Amasya. Amasya begot Gegham. Gegham begot Harma. Harma begot Aram. Aram begot Ara the Handsome.

Now all the scribes put Cainan as fourth from Noah and third from Sem. They also put Tiras fourth from Noah and third from Japheth, although he is nowhere to be found in the translation we used. As for Misrayim, who is fourth from Noah and third from Ham, we neither find him in our translation nor recorded by any of the scribes. But we found this set out by a very careful and well-read Assyrian, and it seemed very reliable to us. For Misrayim is Metsrayim, which is to be understood as Egypt, and many scribes have convinced us that Nimrod (who is Belus) was an Ethiopian, for he lived by the borders of Egypt.

---

11 Genesis 10:6-8.

Յետ որոյ աւասացուք և զայս. զի թէպէտ և ամք ժամանակաց ծննդոցն Քամայ մինչև ցՆինոս ոչ ուրեք գտանին թուեալ, և կամ թէ առ մեզ ոչ հասեալ, այլ հաւաստեաւ և ոչ նորին ինքեան Նինոսի, իսկ մերոյն Յաբեթի ամենևին ոչ, սակայն ասացեալ ազգաբանութիւնդ հաւաստի է, երեցունց ցեղիցն մետասան գոլով ցԱբրահամ և ցՆինոս և ցմերն Արամ. զի Արայն երկոտասաներորդ՝ է յետ Նինոսի, մանուկ տիովք վախճանեալ։ Եւ է ճշմարիտ, և մի՛ ոք յերկուասցի. քանզի պատմէ մեզ զայսոսիկ ի յոլով իրս հաւատարիմն Աբիւդենոս, և ասէ այսպէս. «Նինոս Արբեղայ, Քայաղայ, Արբեղայ, Անեբայ, Բաբեայ, Բելայ։ Նոյնպէս և զմերն՝ ի Հայկայ մինչև ցԱրայն գեղեցիկ, զոր եսպան կաթոտն Շամիրամ՝ թուէ այսպէս. Արայն գեղեցիկ՝ Արամայ, Հարմայ, Գեղամայ, Ամասեայ, Արամայիսայ, Արմանեկայ, Հայկայ, որ եղև հակառակ Բելայ, միանգամայն և կենախուզ։ Եւ զայս մեզ Աբիւդենոս յիւրում առաջնում առանձնականի իմն մանր ազգաբանութեան ասէ. զոր աստ ուրեմն յետոյ ոմանք բարձին։

Այսոցիկ վկայէ և Կեփաղիովն. քանզի ասէ ի միում գլխոցն այսպէս. «Մանր զամենայն ի սկզբան մերոյ աշխատութեանս սկսաք գրել զազգաբանութիւնսն ի դիւանացն արքունի. այլ առաք հրաման ի թագաւորաց՝ թողուլ զաննշանից և զվատաց արանց ի հնոցն զյիշատակն, և գրել միայն զքաջս և զիմաստունս և զաշխարհակալս նախնիս, և մի՛ յանպէտս զժամանակս մեր ծախել», և զայլսն։

To this we should add that the years corresponding to the births of Ham *and his descendants* to the time of Ninus are not enumerated anywhere—or at least, have not made it down to us. We also lack certainty regarding Ninus, and though we have absolutely no certainty regarding our forefather, Japheth, his genealogy is reliable, with the three branches having eleven generations down to Abraham, Ninus and our *own patriarch,* Aram. For Ara, being the twelfth after Ninus, died in his youth. Now this is true, and let no one doubt it, for it was related to us by Abydenus, who is reliable in all things. He said: "Ninus, son of Arbelus, son of Chaalus, son of Arbelus, son of Anebus, son of Babus, son of Belus." So, too, with our line, from Hayk down to Ara the handsome, whom the lascivious Shamiram killed: "Ara the handsome, son of Aram, son of Harma, son of Gegham, son of Amasya, son of Aramais, son of Aramaneak, son of Hayk (who opposed and swiftly slew *Belus*)." Abydenus relates this in the first part of his genealogy, which some copyists later removed from his text.

Cephalion also witnesses this, for as he says in one chapter: "At the start of our work, we began recording everything about genealogies from the royal archives, however at the command of the king we were told to leave out the records of insignificant as well as bad men from ancient times, and only record the names of the mighty, the sages and conquerors among our ancestors, so as to not waste our time," and so on.

Այլ այս մեզ ամենևին աւտար և արտաքոյ ճշմարտութեան, որք զՆինոս որդի Բելայ ասեն, կամ թէ նոյն ինքն Բէլ. զի ոչ ազգաբանութիւնն և ոչ ամացն ժողովումն այսոցիկ վկայէ։ Բայց եթէ ըստ նշանաւոր և անուանի լինելոյ՝ ոք պատեհ համարեալ այսպէս կարգիցէ զհեռին մաւտաւոր։

Եւ գտաք զայսոսիկ արդարև Յունաց դպրութեամբ. զի թէպէտ և Յոյնք ինքեանք ի Քաղդէացւոցն փոխեցին յիւրեանց լեզուն, և թէպէտ և Քաղդէացիք ինքնակամ յաւժարութեամբ և կամ ի հրամանէ թագաւորաց հարկեալ զայս իրագործել, որպէս Առիոս ումն և այլք բազումք, սակայն մեք Յունաց համարիմք, որպէս ի նոցանէ ուսեալք։

But those who claim that Ninus was the son of Belus (or, perhaps even Belus himself) seem to us to be very far from the truth, for neither the genealogy nor the chronology attests this. Perhaps on account of their being prominent figures, one supposed it made sense to bring them closer in time.

Truly did we find this information in Greek books, for although the Greeks themselves translated these from Chaldean, and although it was the Chaldeans who—whether by their own will or by the command of their kings—saw it as necessary to record all this, as with Arius and many others, we attribute it to the Greeks, since we learned it from them.

Զ

Յաղագս թէ ինչ որ հաւասար, և է ինչ որ ատար ի Մովսիսէ պատմեն այլքն հնախաւսք, և յաղագս Ոլիմպիոդորայ փիլիսոփայի անգիր հին զրուցացն:

Զհաւաստին որչափ կարացեալ ի բազմացն ընտրեալ բանից՝ կարգեցաք զծնունդս երից որդւոցն Նոյի ցԱբրահամ և ցՆինոս և ցԱրամ. որում ոչ զոք ընդդիմանալ կարծեմ ի միտս ունողացն. բայց եթէ զճշմարտութեանն ոք խորհելով քակել զոճ՝ յառասպելս զճշմարիտ բանս ախորժելով փոփոխել փութասցէ: Եւ յայսոսիկ իւրաքանչիւր միտք որպէս կամին՝ ուրախասցին:

Այլ եթէ շնորհակալ և մերոցս տքնութեանց և ջանից լինիցիս, ո՛վ ուսումնասէր դու և յայսոսիկ զմեզ աշխատեցուցանաւղ, անցից սակաւ բանիւք յիշատակաց յաղագս որոյ վերագոյնդ կարգեցաք, թէ ո՛րպէս առաջինքն ի վիպասանացն յաղագս այսորիկ հաճեցան շարագրել. թէպէտ և ոչ ունիմ այժմ ասել, յամբարանոցս մատենից թագաւորա՛ցն այսպէս արդեաւք գտեալ, եթէ ըստ ախորժելոյ որպէս կամեցան իւրաքանչիւրքն փոփոխել զանուանս և զգրոյցս և զժամանակս, և կամ վասն այլ զինչ և իցէ պատճառանաց: Բայց որպէս ի սկզբանն երբեմն ճշմարտեն, երբեմն ստեն որպէս յաղագս Նախաստեղծին, ոչ առաջին մարդ ասելով զնա, այլ թագաւոր, սոյնպէս անուն խժական նմա և աննշանակ կոչելով, և ամս տալով երեսուն և վեց հազար. իսկ թուով նահապետացն և ջրհեղեղին յիշատակաւ՝ զոյգ և հաւասար Մովսիսի, նոյնպէս և յետ ջրհեղեղին երիս կարգելով արս անուանիս յառաջ քան զաշտարակաշինութիւնն, զկնի նաւարկութեանն Քսիսութրեայ ի Հայս՝ ճշմարտեն. իսկ անուանցն փոփոխմամբ և բազմաւք այլովք ստեն:

6

Regarding the fact that the accounts of other antiquarians sometimes agree with Moses and sometimes disagree, and about ancient unwritten stories of the philosopher Olympiodorus.

We have presented the genealogy of the three sons of Noah down to Abraham, Ninus, and Aram—selecting, as far as possible, what is reliable from many narratives. I believe that no thinking person will object to this, except someone who, intending to violate the correct order, would prefer fables to true accounts. In such cases, everyone is free to amuse himself as he pleases.

But if you are grateful for our labors and efforts, O you lover of knowledge and patron of our labors, in a few words I shall briefly recapitulate what I set out above: how the first storytellers were pleased to write on this matter in the form of romances, although I am not now able to say whether such materials were found in this form in the archives of the kings or whether each one *of the authors* enjoyed changing the names and the stories and the times as he chose, or if there were some other reasons *for the discrepancies*. But as for *accounts about* the beginning[12] sometimes they tell the truth, sometimes they lie. For example, just as they call the first created being not the first man but *the first* king, so they give him a barbarous name, attributing to him a life of thirty-six thousand years. Yet when it comes to the number of the patriarchs and mention of the Flood, they concur with Moses. Similarly, when *describing events* after the Flood they *erroneously* list three famous men before the building of the Tower, yet after the voyage of Xisut'ra to Armenia, they are correct; but in changing the names and in many other things they lie.

---

12 the beginning: i.e., Creation.

Բայց ես այժմ ուրախացայց, հաւ առնելով առաջիկայիցս իմոց բանից ի սիրելւոյն իմմէ և քան զշատս արդարախաւսողէ, ի Բերոսեանն Սիբիլլայ։ Յառաջ քան զբուրգն, ասէ, և զբազմաբարբառն լինել ձայն ազգի մարդկան, և զկնի նաւարկութեանն Քսիսութրեայ ի Հայս՝ Զրուանն և Տիտանն և Յապետոսթէ լինէին իշխանք երկրի։ Որ ինձ թուին Սեմ, Քամ և Յաբեթ։

«Եւ ի բաժանել սոցա, ասէ, զամենայն տիեզերս ընդ իւրեանց իշխանութեամբ՝ հարստացեալ տիրէ ի վերայ երկոցունցն ևս Զրուանն։ Զոր աստ ուրեմն Զրադաշտ մոգ, արքայ Բակտրիացւոց, որ է Մեդաց, սկիզբն և հայր աստուածոցն ասաց լինել· և բազում այլ ինչ զնմանէ առասպելեաց, զոր անտեղի է մեզ այժմ երկրորդել։

«Արդ՝ ի բռնանալն, ասէ, Զրուանայ՝ ընդդիմացան նմա Տիտանն և Յապետոսթէ, ի մարտ պատերազմի ընդ նմա գրգռելով, վասն զի թագաւորեցուցանել զորդիս իւր ի վերայ ամենեցուն խորհէր։ Եւ յայսպիսում խռան յափշտակեաց, ասէ, Տիտանն զմասն ինչ ի ժառանգութենէ սահմանացն Զրուանայ։ Աստ ի մէջ անցեալ քոյր նոցա Աստղիկ՝ համոզեալ դադարեցուցանէ զաղմուկն· և յանձն առնուն թագաւորել Զրուանայ· բայց դաշինս ուխտից և երդմանց ի միջի հաստատեն, սպանանել զամենայն արու՝ որ ծնանիցի Զրուանայ· զի մի՛ ազգաւ ի վերայ նոցա թագաւորեսցէ։ Ուստի և արս հզաւրս ի Տիտանացն ի վերայ ծննդոց կանանց նորա կարգէին։ Եւ սպանեալ զերկուս ոմանս վասն երդմանն և ուխտին հաստատուն կալոյ՝ խորհի այնուհետև քոյր նոցա Աստղիկ հանդերձ կանամբք Զրուանայ, հաւանեցուցանել զոմանս ի Տիտանացն՝ ապրեցուցանել զայլ մանկունս, և յարևմուտս կոյս յուղարկել ի լեառնն, որ անուանեալ կարդային Դիւցընկէց, իսկ այժմ կոչի Ոլիմպոս։»

But now, I shall be happy to begin my account *based on the words of* my Sibyl, Berosus, who was more accurate than most of the other *antiquarians. Berosus* says that "Before *the construction of* the Tower and before the human race became multilingual, and also following the sea voyage of Xisut'ra to Armenia, the rulers of the world were Zruan, Titan, and Yapetost'e'." These, it seems to me, correspond to Sem, Ham, and Japheth.

Berosus continues: "When they had divided up the world under their rule, Zruan grew stronger and ruled over the other two." Zradasht, a magian, and king of the Bactrians—who are the Medes—said that *Zruan* is the father of the gods. *Zradasht* said many other things of a fabulous nature about him, which would be inappropriate for us to repeat now.

Berosus says: "When Zruan had become a tyrant, Titan and Yapetost'e' opposed him in battle, since he planned to establish his sons as kings over everyone. In this confusion, Titan seized a part of the territory allotted to Zruan. Then their sister, Astghik, convinced *them* to stop the conflict. *Titan and Yapetost'e'* consented to Zruan reigning as king, but made a sworn treaty between them to kill all the sons born to Zruan, so that they would not rule over them as a *hereditary* family. Thus, they designated strong men from the Titans to observe the births of the *children of Zruan's* women. They had slain two *of the children* to keep the sworn agreement in force, when their sister, Astghik with Zruan's women, convinced some of the Titans to let the other offspring live, *and, instead of killing them* sending them to the West, to the mountain once called Diwts'e"nke'ts', and now called Olympus.

Արդ՝ զայսոսիկ այլ ոք թէպէտ առասպելս, թէպէտ ճշմարտութիւն հաշուեալ համարեսցի՝ բայց որպէս ես հաւանեալ եմ, բազում ինչ ճշմարիտ է։ Քանզի և որ Կիպրացւոց Կոստանդեայ եպիսկոպոս Եպիփանոս ի Հերձուածոցն Յանդիմանութեան, յորժամ ճշմարիտ և արդարադատ զԱստուած ձեռնարկէ ցուցանել, և վասն ջնջելոյ որդւոցն Իսրայէլի զեւթն ազգսն ասէ այսպէս, եթէ արդարադատապէս Աստուած զազգսն զայնոսիկ ջնջեաց յերեսաց որդւոցն Իսրայէլի. զի ի բաժին որդւոցն Սեմայ հասեալ էր երկիր կալուածոցս այսոցիկ, և բռնութեամբ Քամայ ի վերայ եկեալ յափշտակեաց զերկիրն։ Իսկ Աստուծոյ իրաւունս պահեալ զերդման ուխտին՝ վրէժ հատուցանէ ազգին Քամայ, ի բաց դարձուցանելով զժառանգութիւնն՝ որդւոցն Սեմայ։ Այլ զՏիտանսն և զՌափայիմսն յիշեն աստուածային Գիրք։

Բայց պարտ է մեզ զոմանց անգիր հին զրոյցս, որ պատմեալ եղեն վաղ ուրեմն ի մէջ իմաստնոցն Յունաց, և հասին մինչև ի մեզ այս զրոյցք ի Գորգի և ի Բանան անուն կոչեցելոց, ևս երրորդ ումն Դաւիթ, թէպէտ և յոյժ սակաւուք՝ երկրորդել։ Յորոց մի ոմն ի Նոցանէ, վարժեալ փիլիսոփայութեամբ, ասէր այսպէս, թէ «Ո՛վ ծերք, յորժամ էի ի մէջ Յունաց զիմաստութիւն վարժելով՝ դէպ եղև ի միում աւուր, զի վասն աշխարհագրութեանց և բաժանմանց ազգաց ի մէջ արանց իմաստնոց և հմտագունից բան ճառիւր. ոմանք այլազգաբար և ոմանք այլաբանաբար զրոյցս մատենից տային. իսկ որ կատարելագոյնն էր ի նոսա, Ոլիմպիոդորոս անուն, այսպէս ասաց.

Now, whether some consider these *accounts* to be fables or to be the truth, I myself am convinced that there is much truth here. It is for this reason, also, that Epiphanus, bishop of Constantia of Cyprus says, in his "Panarion," when attempting to demonstrate the true and equitable God and regarding the destruction of the seven nations by the Israelites,[13] that "God equitably destroyed these seven nations before the Israelites, for in the division of the earth these lands had fallen to the Semites, and the Hamites invaded the land and came to rule it by force. But God preserved their rights according to their sworn oath and requited the Hamites by returning the inheritance of the Semites to them. As for the Titans and Rephaites, they are recalled in the Divine Scripture."

We must repeat, albeit in an extremely abbreviated manner, certain old unwritten narratives which were told in the old days among the Greek sages, and which have come down to us through *those* named Gorgias and Banan and another, a third *writer*, a certain David. One of them, versed in philosophy, said this: "O elders, when I was in Greece and was studying philosophy, it once happened that among wise and experienced men, the discussion had turned to *matters of historical* geography and the division of peoples. Stories found in books were interpreted—some in one way, others, in a different way. But the most accomplished man among them, who was named Olympiodorus, said this:

---
13 Deuteronomy 7:1-2.

«Պատմեցից ձեզ, ասէ, և գրոյցս անգիրս յաւանդութենէ ի մեզ հասեալ, զորս և բազումք ի գեղջկաց զրուցեն մինչև ցայժմ։ Մատեան լեալ զՔսիսութրեայ և զորդւոց նորա, որ այժմ ոչ ուրեք երևի, յորում, ասեն, կարգ լեալ բանից այսպիսի։ Յետ նաւելոյն Քսիսութրեայ ի Հայս և դիպելոյ ցամաքի, գնայ, ասէ, մի յորդւոց նորա կոչեցեալն Սեմ ընդ արևմուտս հիւսիսոյ դիտել զերկիրն, և դիպեալ դաշտի միում փոքու առ երկայնանստիւ միով լերամբ, գետոյ ընդ մէջ նորա անցանելով, ի կողմանս Ասորեստանի, դադարէ առ գետովն երկլուսնեայ աւուրս, և անուանէ յանուն իւր զլեառնն Սիմ, և դառնայ անդրէն յարևելս հարաւոյ, ուստի եկն։ Իսկ ի կրտսերագունից որդւոցն նորա Տարբան անուն, երեսուն ուստերաւք և հնգետասան դստերաւք և նոցին արամբք մեկնեալ ի հաւրէն՝ բնակէ անդէն ի նոյն գետեզեր, յորոյ անուն և զգաւառն անուանէ Տարաւն, և զանուն տեղւոյն ուր բնակեցաւն՝ կոչէ Ցրաւնս. զի անդ զառաջինն սկիզբն եղև բաժանելոյ որդւոց նորա ի նմանէ։ Նորին դարձեալ և առ եզերբ սահմանացն Բակտրիացւոց ասէին բնակել սակաւ աւուրս, մնացեալ և մի ոմն յորդւոց նորա անդ։ Քանզի կողմանք արևելից Զըրուան զՍեմ կոչեն, և Զարուանդ զգաւառն անուանեալ ասեն մինչև ցայժմ։»

Բայց առաւել յաճախագոյն հինքն Արամազնեայց ի նուագս փանդռան և յերգս ցցոց և պարուց զայսոսիկ ասեն յիշատակաւ։ Եւ այսոքիկ զրոյցք սուտ և կամ թէ արդարև լեալ՝ մեզ չէ ինչ փոյթ։ Այլ վասն գիտելոյ քեզ զամենայն, որ ինչ ի լրոյ և որ ինչ ի գրոց՝ անցանեմ ընդ բնաւն ի գիրս յայսոսիկ, զի իմասցիս զառ քեզ պարզմտութիւն իմոց խորհրդոցս։

'I will narrate to you unwritten tales that have come down to us by tradition and that many villagers repeat to this day. There is a book about Xisut'ra and his sons—which now cannot be found anywhere—in which, they say, the following account appears. After the voyage of Xisut'ra to Armenia, and after he encountered dry land, one of his sons, named Sem, went to examine the land to the northwest. Finding a small plain near a mountain with an elongated base, with a river crossing it, which flowed towards Assyria, *Sem* remained there for two lunar months. He named the mountain Sim, after his own name, and then returned to the southeast whence he had come. One of *Sem's* youngest sons, named Tarban, with thirty of his brothers and fifteen sisters along with their husbands, left his father and settled by the same riverbank, from whose name he called the district Tarawn. He called the name of the place where he had dwelled Tsro'nk', since it was there that the initial separation of *Sem's* sons from him had occurred. They also say that he resided for a few days on the borders of Bactria, leaving one of his sons there. The eastern areas of Sim, they call Zruan, and to this day the district is called Zaruand.'

Very often the old *descendants* of Aram mention such things in fabulous songs, ballads *sung* to the accompaniment of the p'andir,[14] with performances and dances. Whether these tales are true or false does not concern us. After all, in this book I will cite everything in full—both what is oral and what is written in books, so that you will know everything and will be convinced of my sincerity towards you.

---

14   *p'andir:* a stringed instrument.

Է

Յայտարարութիւն սակաւուք, թէ ըստ արտաքնոյն ասացեալ Բէլդ՝ ըստ Աստուածային բանից ճշմարտութեամբ է Նեբրովթ:

ԶԲելայ, առ որով Նախնին մեր Հայկ՝ բազումք բազում ինչ այլ ընդ այլոյ պատմեն. բայց ասեմ զԿռոնոսդ անուն և զԲէլ՝ Նեբրովթ լեալ. որպէս Եգիպտացիք թուեն հաւասար Մովսիսի՝ Հեփեստոս, Արեգակն, Կռոնոս, որ է Քամ, Քուշ, Նեբրովթ, թողեալ զՄեստրայիմ: Զի առաջին ասեն իւրեանց մարդ լեալ զՀեփեստոս և գտակ հրոյ: Եւ ընդէ՞ր սա գտակ հրոյ, և կամ Պրոմեթէոս գողացեալ առ ի յաստուածոցն զհուր և շնորհեալ մարդկան, որ է այլաբանութիւն, ոչ բերէ ասել կարգ բանիս: Որում և հարստութեանցն Եգիպտացւոց կարգ, և ամացն ժողովումն ի Հովուացն հարստութենէ մինչև ցՀեփեստոս՝ վկայէ հաւասար Եբրայեցւոցն լեալ, որ է ի Յովսեփայ ժամանակացն մինչև ցՍեմ, Քամ և ցՅաբեթ:

Եւ այսոքիկ բաւական լիցին ասել այսչափ: Զի եթէ զամենայն եղեալսն յաշտարակագործութենէն մինչև առ մեզ ի հասողութիւն քեզ ի մերումս ածել ջանասցուք պատմութեան, Երբ ապա յըղձալին քո հասանիցեմք զրուցաց պատմութիւնն. մանաւանդ զի և առաջիկայս մեր երկար է գործ, և ժամանակ մահկանացուաց սուղ և անյայտ: Այլ սկսեալ ցուցից քեզ զմերն, թէ ուստի՛ և ո՛րպէս:

7

A brief discussion of the fact that the one called Bel by secular authors is in truth Nimrod according to the Divine Scriptures.

Many *writers* say many things which differ from each other on the topic of Bel, during whose time our ancestor Hayk lived. But I say that the one called Cronus is *the same as* Bel Nimrod. The Egyptians order them in the same way as Moses *does*—namely Hephaestus, the Sun, Cronus who is Ham, Kush, and Nimrod, leaving out Mestrayim. For they say that Hephaestus was the first man and the inventor of fire. (Why it is that *Hephaestus* discovered fire or how Prometheus stole the divine fire and gave it as a gift to humankind—which is an allegory—does not belong in the order of our narration.) The order of the Egyptian dynasties, and the sum of the years from the dynasty of *the* Shepherd *kings* to Hephaestus, coincide with what was noted among the Hebrews, from the time of Joseph to Shem, Ham, and Japheth.

Let this much be sufficient *on this matter*. For if we undertake to explain to you in our History everything that has happened from the time of the building of the Tower to our own days, then when will we get to the historical narratives that you particularly want? This is especially the case, since the work ahead of us is long and the lifespan of mortals is short and unknowable. So then, I now shall begin to reveal to you *information* about our own "History", where *the material* came from, and more about it.

Ը

Թէ ո՛վ կամ ուստի՛ Զայսպիսիս եգիտ զրուցաբանութիւնս:

ԶԱրշակ մեծ, արքայ Պարսից և Պարթևաց, որ և ազգաւ իսկ Պարթև, ապստամբեալ ասեն ի Մակեդոնացւոց և թագաւորեալ ի վերայ ամենայն արևելից և Ասորեստանեայց, և սպանեալ զԱնտիոքոս թագաւոր ի Նինուէ՝ հնազանդեցուցեալ զամենայն տիեզերս ընդ իւրով ձեռամբ: Սա թագաւորեցուցանէ զեղբայր իւր զՎաղարշակ ի վերայ աշխարհիս Հայոց, պատեհ համարեալ այսպէս իմն անշարժ իւրոյ թագաւորութեանն մնալ: Եւ քաղաք թագաւորութեան տայ նմա զՄծբին, և սահմանս հատանէ նմա զմասն ինչ յարևմտեայ Ասորւոց և զՊաղեստին և զԱսիա և զամենայն Միջերկրեայս և զԹետալիա, ի ծովէն Պոնտոսի մինչև ի տեղին՝ ուր Կաւկաս յարևմտեանն յանգի ի ծով, և զԱտրպատական. «Եւ այլ որչափ միտք քո և քաջութիւն հասանիցեն. զի սահմանք քաջաց, ասէ, զէնն իւրեանց, որքան հատանէ՝ այնքան ունի:»

Սորա կարգեալ զիշխանութիւն իւր մեծապէս, և հաստատեալ զթագաւորութիւն իւր՝ կամ եղև գիտել սորա, թէ ո՛յք արդեաւք և ո՛րպիսի արք տիրեալ իցեն ի վերայ աշխարհիս Հայոց մինչև ցնա. զքաջա՞ց արդեաւք եթէ զվատաց անցեալ ունիցի զտեղի: Եւ գտեալ զոմն ասորի Մար Աբաս Կատինայ, այր ուշիմ և վարժ քաղդէացի և յոյն գրով, զոր յղէ առ եղբայրն իւր Արշակ Մեծ արժանի ընծայիւք, բանալ նմա զդիւանն արքունի: Եւ գրէ առ նա ձև բանից աւրինակ զայս.

8

As to who found these stories and where they came from.

They say that Arshak the Great, king of the Persians and Parthians, who himself was of Parthian origin, rebelled from the Macedonians and ruled as king over the entire East and the Assyrians. In Nineveh he killed *the Seleucid* king Antiochus, and subjugated the entire world to his rule. He set up his brother, Vagharshak, to rule as king over the land of the Armenians, considering that this would be an appropriate way of making his own rule unshakable. *Arshak* gave to *Vagharshak* the city of Nisibis as his capital and allocated his borders to include part of western Syria, Palestine, Asia, all of Asia Minor, T'etalia, from the Pontic Sea to the area where the Caucasus runs into the Western Sea.[15] *This included* Atrpatakan "and as far as your thoughts and bravery can reach, because the borders of the brave," he said, "are determined by their swords—as much as they can take and hold."

When Vagharshak had thoroughly ordered his own principality and established his reign, he desired to know who and what kind of men had ruled over the land of the Armenians up to his time; whether the place he occupied had once belonged to the brave or the cowardly. Having found a certain Assyrian man named Mar[16] Abas Catina, a man learned and skilled in Chaldean and Greek writing, *Vagharshak* sent him to his brother, Arshak the Great, with fitting gifts so that *Arshak* would open the royal divan *for Mar Abas*. *Vagharshak* wrote him a letter with this content:

---

15 *Western Sea:* Caspian Sea.
16 *Mar:* Lord.

Թ

Թուղթ Վաղարշակայ արքայի Հայոց առ մեծն Արշակ արքայ Պարսից:

Արշակ թագաւոր երկրի և ծովու, որոյ անձն և պատկեր և որպէս և է իսկ և մեր աստուածոց, իսկ բախտ և պատահումն ի վեր քան զամենայն թագաւորաց, և մտաց լայնութիւն՝ որչափ երկնի ի վերայ երկրի. Վաղարշակ կրտսեր եղբայր քո և նիզակակից, որ ի քէն կարգեալ արքայ Հայոց. Ողջ լեր ամենայն յաղթութեամբ:

Քանզի պատուէր ընկալայ ի քէն՝ քաջութեան և ամենայն իմաստութեան հոգ տանել՝ ոչ երբէք անփոյթ արարեալ զքոյովն անցի զխրատու, այլ խընամ տարեալ հոգացայ ամենայնի, որչափ միտք և հասողութիւն բաւեցին: Եւ այժմ ի քումմէ խընամակալութենէ զետեղեալ զթագաւորութիւնս՝ խորհուրդ ի մտի եդի գիտել, թէ ո՛յք ոմանք յառաջ քան զիս իցեն տիրեալ աշխարհիս Հայոց, և ուստի՛ նախարարութիւնքս որ աստ կան: Զի ո՛չ կարգք ինչ աստ լեալ յայտնի, և ոչ մեհենից պաշտամունք. և ո՛չ գլխաւորաց աշխարհիս առաջինն յայտնի է, և ոչ վերջինն, և ոչ այլ ինչ աւրինաւոր, այլ խառն ի խուռն ամենայն և վայրենի:

Վասն որոյ աղաչեմ զքո տէրութիւնդ, հրամայել բանալ զդիւանդ արքունի ընդդէմ առնդ եկելոյ առաջի քոյոյ հզաւր տէրութեանդ. զի գտեալ զընդձայլին եղբաւր քոյ և որդւոյ՝ բերցէ փութապէս. և զմեր հեշտութիւն, որ ի կամակատարութենէ լեալ՝ քաջ գիտեմ խնդութիւն քեզ լեալ: Ողջ լեր երևելիդ բնակութեամբ ի մէջ դից:

9

Letter of Vagharshak, king of the Armenians, to Arshak the Great, King of the Persians.

To Arshak, king of earth and sea, whose person and image resemble those of the gods, whose glory and destiny are loftier than those of all kings, and whose expansiveness of mind resembles that of the sky above the earth, from Vagharshak your younger brother and comrade, established by you as king of the Armenians: fare well in all your triumphs.

Since receiving your charge to apply myself to valor and all knowledge, I have never ceased doing what you advised. Rather, I have attended to all these matters, to the extent that my intellect and comprehension permit. Now that my kingdom has been set in order, through your concern, I have made up my mind to learn who ruled the land of the Armenians before me, and where the lordships here originated from. For there is no apparent order *to the lordships* here, nor *information* about worship in the temples; nothing about who was the first and who was the last *in rank*. Nothing *seems to be* in order here; rather, everything is confused and wild.

Consequently, I beg your lordship to order that the royal divan be opened *to the man, Mar Abas*, who has come before your mighty lordship, so that finding *the information* sought for by your brother and son, he may bring it back swiftly. I well know that the pleasure we shall receive from the fulfillment of our wishes will be a source of joy for you. Be well, O eminent one, who dwells among the gods.

BOOK I

Եւ ընկալեալ Արշակայ Մեծի զգիրն ի ձեռաց Մար Աբայն Կատինայ՝ մեծաւ լրջմտութեամբ հրամայէ առաջի առնել նմա զդիւանն արքունի որ ի Նինուէ, միանգամայն և ուրախացեալ ընդ այսպիսի միտս ունել եղբաւր իւրոյ, որում զկէս թագաւորութեան իւրոյ հաւատացեալ էր։ Եւ խուզեալ նորա զամենայն մատեանսն՝ գտանէ մատեան մի հելլենացի գրով, յորոյ վերայ էր, ասէ, վերնագիր այսպիսի

Սկիզբն մատենին

«Այս մատեան հրամանաւ Աղեքսանդրի ի Քաղդէ-ացւոց բարբառոյ փոխեալ ի յոյն, որ ունի զբուն հնոցն և զնախնեացն բանս։»

Որոյ սկիզբն լեալ ասէ զՁրուանն և զՏիտանն և զՅապետոսթէ, յորում և զիւրաքանչիւր ոք ի ծննդոց երից նախարարականացս այսոցիկ արանց, զարս անուանիս, կարգաւ շարադասեալ յիւրաքանչիւր տեղիս մինչև ցբազում ամս։

Յայսմ մատենէ Մար Աբաս Կատինայ զմերոյ ազգիս միայն հանեալ զպատմութիւն հաւաստի՝ բերէ առ Վաղարշակ արքայ ի Մծբին յոյն և ասորի գրով։ Զոր առեալ անձնագեղոյն և քաջաղեղանն արին Վաղարշակայ, կորովաբանոյն և հանճարեղի, առաջին իւրոյ գանձուն համարելով՝ դնէ յարքունիսն ի պահեստի մեծաւ զգուշութեամբ, և զմասն ինչ յարձանի հրամայէ դրոշմել։ Յորմէ մեր հաւաստի ի վերայ հասեալ կարգի զրուցացս՝ երկրորդեմք այժմ քում հարցասիրութեանդ, ձգելով զմեր բընիկ նախարարութիւնս մինչև ցՔաղդէացւոց Սարդանապաղոս, և ևս մաւտագոյն։ Յորում է սկիզբն բանիցն այսպիսի.

When Arshak the Great received the letter from the hand of Mar Abas Catina, with great deliberation he ordered that the royal divan in Nineveh be made available to him. *King Arshak* also was delighted that such a thought had arisen in *the mind of* his brother, to whom he had entrusted half his kingdom. Having looked through all the books, *Mar Abas* found a book written in Greek, which had this title on it:

The beginning of the book

"This book, which contains authentic information about native antiquities and about the ancestors, was translated from Chaldean into Greek, at the order of Alexander."

The beginning of the book, he says, deals with Zruan, Titan, and Yapetost'e', and in it, the descendants of these three men—the progenitors, who were all renowned men—were arranged in order, each in his place, for many years.

From this book, Mar Abas Catina extracted the authentic history of only our people and delivered it to King Vagharshak in Nisibis, in the Greek and Assyrian languages. The attractive and valiant Vagharshak, expert at the bow, eloquent, and intelligent, received it, and regarding it as the first among his treasures, placed it in a repository in the palace with great care; and a part of it he ordered to be inscribed on a monument. Through this we have confirmed the order of our tales and repeat them now for *the sake of* your curiosity, extending our ancestral lordships as far back as Sardanapalus of the Chaldeans and even farther back. In this book the account begins as follows:

«Ահեղք և երևելիք առաջինքն ի դից, և աշխարհի մեծամեծ բարեաց պատճառք, որ սկիզբն աշխարհի և բազմամարդութեան։ Եւ ի սոցանէ հատեալ գտան ազգ սկայից, անհեդեդք, յաղթանդամք մարմնով և վիթխարիք․ որք յղացեալ ամբարտաւանութեամբ՝ ծնան զամբարիշտ խորհուրդ աշտարակաշինութեանն, և ի նոյն լինէին ի գործ անկեալք․ յոր հողմ ահագին իմն և աստուածային շնչեցեալ ի դիցն ցասմանէ՝ ցրէ զամբարտակն, և մարդկանն անլուր բարբառս իւրաքանչիւր ումեք բաշխեալ, աղմուկ շփոթի ի մէջ արկանէին։ Յորոց մի էր և Յապետոսթեանն Հայկ, անուանի և քաջ նախարար, կորովաձիգ և հաստաղեղն։»

Եւ այս կարգ գրուցաբանութեան դադարումն առցէ․ զի հանդէս է մեր՝ ոչ զպատմութեանն ողջաբանութիւն գրել, այլ ջանալ ցուցանել զառաջինսն մեր և զբուն հին նախնիս։ Արդ ի նոյն մատենէ սկսեալ ասացից․ Յապետոսթէ, Մերոդ, Սիրաթ, Թակլադ․ որ է Յաբեթ, Գոմեր, Թիրաս, Թորգոմ։ Յետ որոյ նոյն ժամանակագիր յառաջ մատուցեալ ասէ․ Հայկ, Արամանեակ, և զայսն ի կարգի, զորոց յառաջագոյն ասացաք։

"Fearsome and majestic were the first gods, and they were a cause of very great benefits to the world, creating it and making it full of people. A race of giants separated from them, monstrous *creatures*, who had huge bodies. Seeped in impiety, they hatched out an impious plan, to build the Tower *of Babylon*. They were engaged in that very task when a ferocious and divine wind aroused by the anger of the gods pulled apart the construction. *The gods also* divided *people*, by making languages unintelligible to one another and hurled *humanity* into noisy confusion. One of *those giants* was Hayk, the descendant of Yapetost'e', a renowned and courageous lord, strong and adept with the bow."

But let us finish with this order of narration, because our goal is not to tell the story in its entirety, but to try to show our first and most ancient ancestors. So, let me start by narrating from this same book: Yapetost'e, Merod, Sirat', Taklad—who are Japheth, Gomer, T'iras, and Torgom. After this, the same chronicler continues: Hayk, Aramaneak, and the others in order, whom we mentioned earlier.[17]

---

17 i.e., in Chapter 5.

Ժ

Յաղագս ապստամբութեանն Հայկայ։

Այս, ասէ, Հայկ գեղապատշաճ և անձնեայ, քաջագանգուր, խայտակն և հաստաբազուկ։ Սա ի մէջ սկայիցն քաջ և երևելի լեալ, և ընդդիմակաց ամենեցուն, որք ամբառնային զձեռն՝ միապետել ի վերայ ամենայն սկայիցն և դիւցազանց։ Սա խրոխտացեալ ամբարձ զձեռն ընդդէմ բռնաւորութեանն Բելայ, ի տարածանել ազգի մարդկան ընդ լայնութիւն ամենայն երկրի, ի մէջ բազմակոյտ սկայիցն, անհուն խուլաց և ուժաւորաց։ Քանզի անդ մոլեգնեալ այր իւրաքանչիւր, սուր ի կող ընկերի իւրոյ ձգելով՝ ջանային տիրել ի վերայ միմեանց. ուր պատահմունք ի դէպ ելանէին Բելայ՝ բռնանալ ունել զամենայն երկիր։ Որում ոչ կամեցեալ հնազանդ լինել Հայկայ, յետ ծնանելոյ զորդի իւր զԱրամանեակ ի Բաբելոնի՝ չու արարեալ գնայ յերկիրն Արարադայ, որ է ի կողմանս հիւսիսոյ, հանդերձ որդւովք իւրովք և դստերաւք և որդւոց որդւովք, արամբք զաւրաւորաւք, թուով իբրև երեքհարիւր, և այլովք ընդոծնաւք և եկաւք յարեցելովք ի նա և բոլոր աղխիւ։ Երթեալ բնակէ ի լեռնոտին միում ի դաշտավայրի, յորում սակաւք ի մարդկանէ յառաջագոյն ցրուելոցն դադարեալ բնակէին. զորս հնազանդ իւր արարեալ Հայկ՝ շինէ անդ տուն բնակութեան կալուածոց և տայ ի ժառանգութիւն Կադմեայ որդւոյ Արամանեկայ։

Այս արդարացուցանէ զանգիր հին ասացեալ զրոյցս։

«Եւ ինքն խաղայ, ասէ, այլով աղխիւն ընդ արևմուտս հիւսիսոյ. գայ բնակէ ի բարձրաւանդակ դաշտի միում, և անուանէ զանուն լեռնադաշտին Հարք, այս ինքն թէ հարք են աստէն բնակեալք՝ ազգի տանն Թորգոմայ։ Շինէ և գիւղ մի, և անուանէ յիւր անուն Հայկաշէն։» Յիշի և աստանաւր ի պատմութեանս՝ ի հարաւոյ կողմանէ դաշտիս այսորիկ, առ երկայնանստիւ միով լերամբ, բնակեալ յառաջագոյն արք սակաւք, ինքնակամ հնազանդեալ դիւցազինն։ Արդարացուցանէ և այս զասացեալ զրոյցս անգիրս։

10

About the rebellion of Hayk.

This Hayk, he says, was handsome, strong, and personable, with curly hair and bright eyes. Among the giants he was valiant and prominent, resisting all who would wickedly turn their hand to absolute rule over all the giants and divine heroes. He scornfully raised his hand against the tyranny of Bel, during the spreading of the human race throughout the breadth of all the world, in the midst of incredibly foolish and mighty giants. Since everyone there had become frenzied and was trying to kill his own comrade with the sword, and to rule over one another, during these events Bel rose to tyrannize over the entire country. But Hayk refused to submit to him, and after the birth of his son, Aramaneak, in Babylon, *Hayk* picked up and went to the Ararad country, to the north, accompanied by his sons and daughters, and the sons of his sons, powerful men, numbering about 300, and others, domestic servants and others who had come to join him, with all their bags and baggage. *Hayk* went and dwelled at the foot of a mountain in a plain where a few people from a previous dispersion had settled and were living. Hayk subjected them to himself and then built a place of residence, a property which he gave as inheritance to Aramaneak's son, Cadmos.

This confirms what is said in ancient oral tales.

"And then," *Mar Abas Catina* says, "*Hayk*, with his folk, went to the northwest and dwelled in a certain highland plain, naming the area Hark',[18] meaning that the Fathers from the clan of the House of Torgom had dwelled there. He also built a village, naming it Haykashen after himself." *Mar Abas Catina* notes in the same History, that living in an area to the south of this plain, at the foot of a mountain with a long base, there were a few people from earlier *times*, who voluntarily submitted to the divine hero. This too verifies the unwritten tales mentioned earlier.

---

18 *Hark'*: "Fathers".

ԺԱ

Յաղագս պատերազմին և մահուանն Բելայ։

Եւ յառաջ մատուցեալ զբանս իւր ասէ, թէ ի հաստատել Տիտանեանն Բելայ զթագաւորութիւն իւր առ ամենեսեան՝ առաքէ ի կողմն հիւսիսոյ զմի ումն յորդւոց իւրոց առ Հայկ արամբք հաւատարմաւք, գալ նմա ի հնազանդութիւն և կեալ խաղաղութեամբ։ Բնակեցեր, ասէ, ի մէջ ցրտութեան սառնամանեաց. այլ ջեռուցեալ մեղկեա՛ զցրտութիւն սառուցեալ քո հպարտացեալ բարուցդ, և հնազանդեալ ինձ՝ կեաց ի հանդարտութեան, ո՛ւր հաճոյ է քեզ յերկրիս իմում բնակութեան։ Եւ ի բաց դարձուցեալ Հայկայ զպատգամաւորսն Բելայ՝ խստութեամբ պատասխանեաց։ Դառնայ առաքեալն անդրէն ի Բաբելովն։

Ապա զաւրաժողով լինի ի վերայ նորա Տիտանեանն Բէլ ամբոխիւ հետևակ զաւրաց. գայ հասանէ ի հիւսիսի, յերկիրն Արարադայ, մերձ ի տունն Կադմեայ։ Փախստական լինի Կադմոս առ Հայկ, քաջընթացիկս առաջի իւր առաքէ. «Գիտեա՛, ասէ, ո՛վ մեծդ դիւցազանց, զի դիմեալ գայ ի վերայ քո Բէլ յաւերժիւք քաջաւք և երկնադիզաւք հասակաւք սկայիւք մրցողաւք։ Եւ իմացեալ իմ զմերձ լինելն նորա ի տուն իմ՝ փախեայ, և գամ աւասիկ տագնապաւ։ Արդ՝ աճապարեա՛ խորհել զոր ինչ գործելոց ես։»

Իսկ Բէլն, յանդուգն և անճոռնի զաւրութեամբ ամբոխին, որպէս յորձան ինչ սաստիկ ընդ զառ ի վայր հեղեղեալ՝ փութայր հասանել ի սահմանս բնակութեանն Հայկայ, ի սիրտ և ի մարմին վստահացեալ արանց զաւրաւորաց։

11

About the war and the death of Bel.

Continuing his narration, *Mar Abas Catina* says that when the Titan Bel had established his dominion over everyone, he sent one of his sons, with trusted men, to the northern areas, to bring Hayk into obedience so that they would live in peace. "You have settled," *Bel* said, "in an icy cold *land*. Now warm and melt the freezing cold of your prideful nature and, submitting to me, live in peace wherever it pleases you to settle in my country." However, Hayk sent back Bel's envoys with a harsh response. The messenger returned to Babylon.

Then the Titan, Bel, assembled troops against him, and came with a mass of footsoldiers, arriving in the north, in the country of Ararad, close to Cadmus' home. Cadmus fled to Hayk, sending swift runners before him *with this message*: "Know, O great one among the divine heroes, that Bel is coming against you with immortal braves, and with giants of combat whose stature reaches the sky. When I learned that they were close to my house, I fled and am coming in panic. Now hurry and think what you will do."

Meanwhile Bel advanced impetuously, like a strong torrent, pouring down with the unstoppable force of his entourage and reached the borders of Hayk's domain, placing confidence in the courage and physical strength of his mighty men.

BOOK I

Աստ ուշիմ և խոհեմ սկայն, քաջագանգուրն և խայտակնն, աճապարեալ հաւաքէ զորդիս իւր և զթոռունս, արս քաջս և աղեղնաւորս, թուով յոյժ նուազունս, և զայլսն ևս որ ընդ իւրով ձեռամբ. հասանէ յեզր ծովակի միոյ, որոյ աղի են ջուրքն, մանունս ունելով յինքեան ձկունս։ Եւ կոչեցեալ զզաւրս իւր՝ ասէ ցնոսա. «Յելանելն մեր հանդէպ ամբոխին Բելայ՝ դիպել ջանասցուք տեղւոյն, ուր անցեալ կայցէ ի մէջ խռան քաջացն Բէլ։ Զի կա՛մ մեռցուք, և աղխ մեր ի ծառայութիւն Բելայ կացցէ, կամ զաջողութիւն մատանց մերոց ի նա ցուցեալ՝ ցրուեսցի ամբոխն, և մեք եղիցուք յաղթութիւն ստացեալք։

Եւ յառաջ կոյս անցեալ բովանդակ ասպարէզս՝ հասանեն ի միջոց ինչ դաշտաձև՝ լերանց բարձրագունից։ Եւ յաջմէ ջուրց հոսանաց ի բարձրաւանդակում կուռ կալով ի տեղւոջ, ի վեր զերեսս ամբարձեալ՝ երևեցաւ նոցա բազմութիւն անկարգ հրոսակի ամբոխոյն Բելայ, ցան և ցիր յանդուգն յարձակմամբ ընդ երեսս երկրին սուրալով. իսկ Բէլ հեզ և հանդարտ ամբոխիւ մեծաւ ի ձախմէ ջուրցն ի վերայ ոստոյ միոյ, իբրև ի դիտանոցի։ Ծանեաւ Հայկ զխումբ վառելոյ ջոկատին, յորում Բէլ առաջի ամբոխին եկեալ հասեալ ընտրիւք և վառելովք ոմամբք. և երկար միջոց ճանապարհի ընդ նա և ընդ ամբոխն։ Եւ ինքն գլխանոց ագուցեալ երկաթի, նշանաւորաւք վերջիւք, և տախտակս պղնձիս թիկանց և լանջաց, և պահպանակս բարձից և բազկաց. գաւտևորեալ զմէջսն, և յահեկէ զսուրն երկսայրի. և նիզակ անարի ի ձեռին իւրում աջոյ, և յահեկումն վահան, և ընտիրք յաջմէ և ի ձախմէ։

Եւ տեսեալ Հայկին զՏիտանեանն կուռ վառեալ, և զարս ընտիրս ընդ նմա աջինս և ահեկինս՝ կարգէ զԱրամանեակն երկու եղբարբք ընդ աջմէ, և զԿադմոս և զայլս երկուս յորդւոց իւրոց ի ձախմէ, զի արք կորովիք էին յաղեղն և ի սուսեր. և ինքն առաջի, և զայլս հրոսակին զկնի իւր կարգեաց. երեքանկիւնի իմն կարգեաց ձևով, հանդարտ յառաջ մատուցեալ։

Here, an intelligent and wise giant, with curly hair and sparkling eyes, hurried and assembled his sons and grandsons, brave men and fine bowmen *but* extremely few in number, as well as others under his command. He came to the edge of a lake whose waters are salty and which contains small fish. Summoning his army, he said to them: "As we go against Bel's host, let us try to reach the spot where Bel is surrounded by his braves. Either we will die and our folk will go into the service of Bel, or else we will show him the dexterity of our fingers and, having dispersed their mob, we will achieve victory."

Advancing many stadia they came to a plain located between the highest mountains and they halted in an elevated spot to the right of streams of water. Looking up they saw the disordered multitude of Bel's host scattered in brazen array and swarming over the face of the country. As for Bel, *he stood* indifferent and unperturbed, like a watchtower, with his vast host *positioned* to the left of the water on a hill. Hayk recognized among this group the armed band with which Bel had advanced to the head of the troops, surrounded by a few chosen armed men—and there was a wide distance between *Bel* and his *main* forces. *Bel* wore an iron helmet with distinctive plumes and plates of bronze over his back and chest; armor covered his legs and arms; a belt circled his waist. From his left side *hanged* a double-edged sword. An enormous spear was in his right hand and in the left, a shield. Select troops were to his right and left.

When Hayk saw the Titan *Bel*, so strongly armed and with select men on his right and left sides, he deployed Aramaneak and his two brothers on his right, and placed Cadmus with two other sons on his left, because they were very competent with bow and sword. *Hayk* himself was in front. He arranged his troops to the rear in the shape of a triangle, and then slowly moved forward.

Եւ հասեալ երկոցունց կողմանց սկայիցն ի միմեանս՝ ահագին դղրդմունս ի վերայ երկրի առնէին շահատակելով, և ահս պակուցանողս տարագուք յարձակմանցն սկայազունքն զմիմեամբք արկանէին։ Անդ ոչ սակաւք յերկոցունց կողմանց արք յաղթանդամք բերանոյ սրոյ դիպեալք՝ տապալ յերկիր կործանէին, և մարտն յերկոցունց կողմանց մնայր անպարտելի։ Զայսպիսի անակնունելի դիպուած տարակուսանաց տեսեալ արքայն Տիտանեան զարհուրեցաւ, և ի նոյն բլուր ուստի էջն՝ վերջոտնեալ ելանէր. քանզի խորհէր ի միջոցի ամբոխին ամրանալ, մինչև հասցէ բովանդակ զաւրն, զի միւսանգամ ճակատ յաւրինեսցէ։ Զայս իմացեալ աղեղնաւորին Հայկայ՝ յառաջ վարէ զինքն, մատ հասանէ յարքայն, լի քարշէ զլայնալիճն, դիպեցուցանէ զերեքթևեանն կրծից տախտակին, և շեշտ ընդ մէջ թիկանցն թափանցիկ լեալ՝ յերկիր հարստի սլաքն. և այսպէս ճոխացեալն Տիտանեան կործանի յերկիր զարկուցեալ, և փչէ զոգին։ Իսկ ամբոխն տեսեալ զայսպիսի ահագին գործ քաջութեան՝ փախեան իւրաքանչիւր դէպ երեսաց իւրեանց։ Եւ վասն այսորիկ այսչափ բաւական լիցի ասել։

Բայց զտեղի ճակատուն շինէ դաստակերտ, և անուն կոչէ Հայք, վասն յաղթութեան պատերազմին. այսորիկ աղագաւ և գաւառն այժմ անուանի Հայոց ձոր։ Իսկ զբլուրն, ուր քաջամարտկաւքն անկաւ Բէլ՝ անուանեաց Հայկ Գերեզմանս. որ այժմ ասին Գերեզմանկք։ Բայց զդիակն Բելայ պաճուճեալ դեղովք, ասէ, հրամայէ Հայկ տանել ի Հարք, և թաղել ի բարձրաւանդակ տեղւոջ, ի տեսիլ կանանց և որդւոց իւրոց։ Իսկ աշխարհս մեր կոչի յանուն նախնւոյն մերոյ Հայկայ՝ Հայք։

The giants from both sides approached each other and a terrible roar sounded over the earth when they clashed. By the fierceness of their assaults, the giants brought fear upon each other. It was there that some gigantic men on both sides met the edge of the sword and rolled to the ground, dead. Yet the *outcome of the* battle remained undecided. When *Bel,* king of the Titans, saw this unexpected development and uncertain state of affairs, he was terrified and, turning back, began to ascend the same hill which he had just descended. He hoped to fortify himself in the midst of his host until the entire army arrived and he could restore his battle line. Realizing this, Hayk the archer advanced toward the king, pulled tight the wide-arched bow, and let fly a three-pronged arrow which hit *Bel's* breast plate. That arrow, having passed through *Bel's* back, fell out onto the ground. And here, the arrogant Titan, falling to the ground, breathed out his spirit. When the host witnessed such an awesome act of bravery, each man fled where he could. On this matter, let this much be enough.

On the site of the battle, *Hayk* established a settlement and named it Hayk' because of the victory in battle. For that reason, even the district to this day is called Hayots' dzor.[19] As for the hill where Bel fell with his warriors, Hayk named that Gerezmans.[20] Today it is called Gerezmanakk'. *Mar Abas Catina* says that Hayk ordered that Bel's corpse be embalmed, taken to Hark' and buried in an elevated spot, in the view of his wives and sons. Our land is called Hayk' after the name of our ancestor Hayk.

---

19 *Hayots' dzor:* Valley of the Armenians (of the descendants of Hayk).
20 *Gerezmans:* Cemetery.

ԺԲ

Յաղագս որ ի Հայկայ ազգէ և ծնունդք, և թէ զի՛նչ իւրաքանչիւր ոք ի նոցանէ գործեաց:

Բազում ինչ գկնի այսորիկ պատմի ի մատենին. այլ մեք՝ որ ինչ պիտոյն մերոյ հաւաքմանս է, շարեսցուք:

Զկնի այսորիկ դառնալ ասէ Հայկին ի նոյն տեղի բընակութեան, և Կադմեայ թոռին իւրում բազում ինչս յանկածէ պատերազմին պարգևէ, և յիւրոց ընդոծնացն արս անուանիս: Հրամայէ զնոյն տեղի բնակութեան ունել նմա զառաջնոյ իւրոյ տանն, և ինքն երթեալ դադարէ յանուանեալ դաշտին Հարք: Սա կեցեալ ամս՝ ծնանի զԱրամանեակ ի Բաբելոնի, որպէս վերագոյն ասացաք: Յետ որոյ կեցեալ և այլ ևս ամս ոչ սակաւս՝ մեռանի, յանձն առնելով զբովանդակ ազնն Արամանեկայ որդւոյ իւրում:

Իսկ նորա թողեալ զերկուս յեղբարց իւրոց, զԽոռ և զՄանաւազ, ամենայն աղխիւն իւրեանց ի կոչեցեալն Հարք, և զորդի Մանաւազայ զԲազ. յորոց Մանաւազ ժառանգէ զՀարք, իսկ որդի նորա Բազ՝ յարևմտից հիւսիսոյ զեզր ծովուն աղւոյ, և զգաւառն և զծովն անուանէ իւրով անուամբ: Եւ ի սոցանէ ասեն լեալ զնահապետութիւնս Մանաւազեան և զԲզնունեաց, և Որդունին անուանեալ, որք ասա ուրեմն յետ սրբոյն Տրդատայ բարձեալ ասին ի միմեանց պատերազմաւ: Իսկ Խոռն ի կողմանս հիւսիսոյ բազմանայ, կարգէ զշէնս իւր. և ի նմանէ ձգեալ ասի մեծ նախարարութիւն ազգին Խոռխոռունեաց, արք քաջք և անուանիք, որպէս և որք առ մեաւք են այժմ երևելիք:

Իսկ Արամանեկայ առեալ զամենայն բազմութիւնն՝ խաղայ յարևելս հիւսիսոյ, և երթեալ իջանէ ի խորին դաշտավայր մի, ի բարձրագագաթանց պարսպեալ լերանց, գետոյ կարկաչասահի յարևմտից ընդ մէջ անցանելով:

12

About the clans and generations descending from Hayk, and what each of them did.

Following this, much else is related in that book. However, we shall take from it only what serves for our compilation.

Mar Abas Catina says that after this, Hayk returned to his same dwelling place. He gave as gifts to his grandson, Cadmus, much booty from the war, and many renowned people from his own entourage. *Hayk* ordered him to hold his first home in his former dwelling place. Then he himself went and stayed in the plain called Hark' for a few years. Now we mentioned earlier that *Hayk* had fathered Aramaneak in Babylon. *Hayk* died after living not a few years, and entrusted the entire clan to his son, Aramaneak.

Now *Aramaneak* left two of his brothers—Xor' and Manawaz, with all their entourages—in *the place called Hark',* and also Baz, who was Manawaz's son. Of these *brothers,* Manawaz inherited Hark', while his son, Baz, *inherited* the shore of the salt sea to the northwest. He called the district and the sea by his own name. They say that it is from him that descend the heads of families named Manawazeank', Bznunik', and Orduni, which, they say, destroyed each other in battle after *the time of* Saint Trdat. Xor' multiplied in the northern area and established his cultivated areas here. *Mar Abas Catina* says that it is from him that the great lordship of the Xor'xor'uni clan derives—brave, renowned men as are *still* prominent among us today.

Aramaneak took his entire multitude and went to the northeast, descending into a deep plain which was surrounded by the lofty summits of mountains, and crossed by a murmuring river flowing from the west.

Եւ զդաշտն արևելից գոգցես իմն իբրև որսայսեալ, ձիգ յարեգակն կոյս զերկայնութիւն պարզեալ. և առ ստորոտովք լերանցն բազումք ականակիտ բղխեալ աղբիւրք, որք ի գետոց եկեալ հաւաքումն հեզաբար։ Առ սահմանաւք նոցա, ծնիւք լերամբք և եզերաւք դաշտին՝ պատանիք ոմանք իբր առ երիտասարդուհեաւք ճեմիցին. այլ հարաւայինն արեգակնաճեմ լեառն, սպիտակափառ ունելով գագաթն, ուղղորդ յերկրէ բուսեալ, երեքաւրէիւ, որպէս ասաց ոմն ի մերոցն, քաջագաւտւոյ առն շրջապատեալ ճանապարհաւ, և առ փոքր փոքր ի շեշտումն անկեալ, ծեր ոմն արդարև լեառն ի մէջ երիտասարդացեալ լերանցն։ Յայսմ խորութեան դաշտի բնակեալ Արամանեկայ՝ շինէ զմասն ինչ ի հիւսիսոյ կողմանէ դաշտին, և զոտն լերինն ի նոյն կողմանէ, և զլեառնն անուանէ յանկագոյն յիւր անուն Արագած, և զկալուածսն՝ ոտն Արագածոյ։

Բայց սքանչելի իմն ասէ պատմագիրն, թէ ի յոլով տեղիս գտանէին բնակեալք ի մարդկանէ յերկրիս մերում ցան և ցիր սակաւք յառաջ քան զգալուստ բնկին մերոյ նախնւոյն Հայկայ։

Այս Արամանեակ կեցեալ ամս՝ ծնաւ զԱրամայիս. և յետոյ կեցեալ ամս շատ՝ մեռաւ։ Իսկ որդի նորա Արամայիս շինէ իւր տուն բնակութեան ի վերայ ոստոյ միոյ առ եզերբ գետոյն, և անուանէ զնա յիւր անուն Արմաւիր. և զանուն գետոյն յանուն թոռին իւրոյ Երաստայ՝ Երասխ։ Եւ զորդի իւր զՇարայ, զյոլովածին և զշատակեր, առաքէ ամենայն աղխիւ իւրով ի դաշտ մի մաւտաւոր, արգաւանդ և բերրի, յորում գնան ջուրք ոչ սակաւք, ի թիկունս հիւսիսոյ լերինն, որ անուանեցաւ Արագած. յորոյ անուն և զգաւառն ասեն անուանեալ Շիրակ։ Վասն որոյ թուի արդարանալ առասպելին, որ ասի ի մէջ գեղջկաց. «Թէ քո Շարայի որկորն է՝ ասեն, մեր Շիրագայ ամբարքն չեն։ Այս Արամայիս կեցեալ ամս՝ ծնանի զորդի իւր զԱմասիա. ի վերայ որոյ կեցեալ և այլ ևս ամս՝ մեռաւ։

The eastern plain is, as it were, lying back extending toward *the direction of the* sun*rise*. At the foot of the mountains there gush many clear streams which merge into gentle rivers. At their borders, at the base of the mountains and edges of the plain, they almost seemed like some young lads walking about with young girls. And there was a southern mountain, pointed toward the sun, with a snow-white peak which rose gradually up from the ground becoming a steep top. Indeed, this was an old man of a mountain among the younger ones, *and a wide mountain* which—as one of our countrymen said—was a three-day journey for a well-girded man to walk around. Aramaneak dwelled in the depths of this plain and also cultivated a part of the plain in the north and the foot of the mountain on the same side. He named the mountain Aragats', after his own name and his property *he named* Aragats'otn.[21]

Now the historian relates this wonderful information, that in many places in our country *the Haykids* found a few scattered men dwelling here and there, *people who were resident there* before the arrival of our native ancestor Hayk.

Aramaneak, having lived *some* years, fathered Aramayis, and then died after living many years. His son, Aramayis, built his dwelling on a hill by the bank of a river, and named it Armawir. As for the river, he named it Eraskh[22] after his grandson, Erast. And his son, Sharay—who had many children and was a big eater—he sent with all his entourage to a nearby plain which was rich and fertile where not a few streams flowed on the northern flank of the mountain called Aragats. It is said that the district of Shirak is named after him. Thus it seems that the proverb which circulates among the villagers is justified: "You may have the throat of Sharay, but we do not have the granaries of Shirak." This Aramayis lived some years and fathered a son, Amasia. Then *Aramayis* died, after living some more years.

---

21 *Aragats'otn:* foot of Aragats'.
22 Eraskh: Arax.

Ամասիա բնակեալ յԱրմաւիր՝ յետ ամաց ծնանի զԳեղամ, և յետ Գեղամայ զՓառոխ արի և զՑոլակ։ Եւ յետ ծնանելոյ զսոսա՝ անցանէ զգետովն մերձ ի լեառնն հարաւոյ, և շինէ անդ առ խորշիւք լեռնոտինն մեծապէս ծախիւք երկուս տունս, զմին յարևելս կոյս, մաւտ յակունս աղբերցն, որ առ ստորոտով լերինն ելանեն․ իսկ զմիւսն յարևմուտս կոյս նորին տանն, բացագոյն իբր մեծաւր հասարակ աւուր միոյ հետևակագնացի առն ճանապարհի։ Եւ ետ զնոսա ի ժառանգութիւն երկուց որդւոց իւրոց, արւոյն Փառոխի և կայտառին Ցոլակայ․ յորս բնակեալ՝ յիւրեանց անուն զտեղիսն կոչեցին, ի Փառոխայ՝ Փառախոտ, և ի Ցոլակայ՝ Ցոլակերտ։ Բայց զլեառնն՝ Ամասիա անուանէ իւրով անուամբ Մասիս․ և ինքն դարձեալ յԱրմաւիր՝ եկաց ամս սակաւս, և մեռաւ։

Իսկ Գեղամ յետ ամաց անցանելոյ ծնաւ զՀարմայ յԱրմաւիր․ և թողեալ զՀարմայ յԱրմաւիր հանդերձ որդւովք բնակել, և ինքն գնաց զմիւս լերամբն արևելեան հիւսիսոյ, յեզր ծովակի միոյ։ Շինէ զեզր ծովակին, և թողու անդ բընակիչս․ և յիւր անուն և սա զլեառնն անուանէ Գեղ, և զշէնսն՝ Գեղարքունի, որով կոչի և ծովն։ Աստ ծնաւ զորդի իւր զՍիսակ, զայր սէգ և անձնեայ, բարեգեղ, կորովաբան և գեղեցկաղեղն։ Սմա զմեծ մասն ընչից իւրոց տուեալ և ծառայս անձինս բազումս՝ սահմանս հատանէ նմա ժառանգութեան ի ծովէն ընդ արևելս մինչև ցդաշտ մի, ուր գետն Երասխ հատեալ զքարանձաւս լերանց՝ անցանէ ընդ խոխոմս ձիգս և նեղս, ահագին դնդնչմամբ իջանէ ի դաշտըն։ Աստ բնակեալ Սիսակ՝ լնու շինութեամբ զսահմանս բնակութեան իւրոյ․ և զաշխարհն կոչէ իւրով անուամբն Սիւնիք․ այլ Պարսք յըստակագոյնս ևս Սիսական կոչեն։ Ի սորա ծննդոց աստ ուրեմն Վաղարշակ, որ առաջին ի Պարթևաց արքայ Հայոց, գտեալ արս անուանիս՝ տեարս աշխարհին կարգէ, որ է Սիսականդ ազգ․ և զայս առնէ Վաղարշակ՝ ի պատմութենէն ստուգեալ։ Այլ այս թէ ո՛րպէս է, յիւրում տեղւոջ պատմեսցուք։

Amasia dwelt in Armavir; after some years he fathered Gegham, and after Gegham, the valiant P'ar'ox and Ts'olak. After fathering them, he crossed the river near the southern mountain and built there by the caves at the foot of the mountain two houses at great expense: one to the east near the sources of the springs that emerge from the base of the mountain, and the other to the west of this dwelling, distant about half a long day's journey for a man on foot. *Amasia* gave these in inheritance to his two sons, the valiant P'ar'ox and the swift Ts'olak. The latter dwelt in them and named the places after themselves: P'ar'axot from P'ar'ox, and Ts'olakert from Ts'olak. Amasia named the mountain Masis after himself, and then he returned to Armawir. Having lived a few years longer, he died.

Gegham, after the passsage of some years, became the father of Harmay, in Armawir. Then *Gegham* left Harmay in Armawir to dwell with his sons, and he himself went to the northeast around another mountain, to the shore of a lake. He cultivated a place by the shore of the lake, and left inhabitants there. After his own name, he called the mountain Gegh, the cultivated place Geghark'uni, and also the lake.[23] It was here that *Gegham* fathered his son, Sisak, an exalted, personable, handsome, eloquent man, and an excellent archer. It was to Sisak that *Gegham* gave most of his property and many of his personal servants. He set the borders of his inheritance *extending* from the lake in the east to a plain where the River Arax cuts through the mountains' caves, flows through the long and narrow gorges, and with an awesome roar descends to the plain. Here is where Sisak dwelled, and he filled the boundaries of his habitation with cultivation. He called that land Siwnik', after his own name; however, the Persians more accurately call it Sisakan. Vagharsh, the first Parthian king of the Armenians, found here *Sisak's* descendants, renowned men, whom he designated as lords of the land, from the line of Sisakan. That Vagharsh did this is confirmed by the "History", but how it occurred we will narrate in the proper place.

---

23   Lake Geghark'uni (Sevan).

Բայց ինքն Գեղամ դառնայ անդրէն ի դաշտ անդր, և առ ոտամբ նորին լերինն ի ձորակի միում ամրոց շինէ ձեռակերտ մի, և կոչէ զանուն նորա Գեղամի, որ յետոյ ի Գառնկայ Թոռանէ նորա անուանեցաւ Գառնի։ Ի սորա ծննդոց աստ ուրեմն առ Արտաշիսիւ Թոռամբ Վաղարշակայ ոմն Վարաժ անուն պատանի լեալ, աջող յորս եղջերուաց և այծեմանց և վարազուց, դիպաձգութեամբ նետից կորովի. զսա ի վերայ որսոց արքունականաց կարգէ, և շէնս պարգևէ նմա առ եզերբ գետոյն, որ անուանեալ կոչի Հրազդան։ Եւ ի սմանէ ասեն լինել զտունն Վարաժնունի։ Այս Գեղամ, որպէս ասացաք, յետ ամաց կենաց իւրոց ծընաւ զՀարմայ. յետ որոյ կեցեալ և այլս ևս՝ և մեռաւ։ Եւ հրամայեաց որդւոյ իւրում Հարմայ բնակել յԱրմաւիր։

Այս Հայկ որդի Թորգոմայ, որդւոյ Թիրասայ, որդւոյ Գամերայ, որդւոյ Յաբեթի, նախնի Հայաստանեայց. և այս ազգք նորա և ծնունդք և աշխարհ բնակութեան նոցա. և յայսմ հետէ սկսան, ասէ, բազմանալ և լնուլ զերկիրն։

Իսկ Հարմայ կեցեալ ամս՝ ծնաւ զԱրամ։

Արամայ բազում գործք քաջութեան պատմին մարտից նահատակութեան, և ընդարձակել զսահմանս Հայոց յամենայն կողմանց. յորոյ անուն և զաշխարհս մեր անուանեն ամենայն ազգք, որպէս Յոյնք՝ Արմէն, իսկ Պարսիկք և Ասորիք՝ Արմէնիկք։ Բայց զընդարձակութիւն պատմութեան սորա և զգործս քաջութեան, թէ զիա՛րդ կամ առ որո՛վ ժամանակաւ, թէ կամիցիս՝ արտաքոյ այսորիկ գրոց կարգեսցուք, և կամ թողցուք. ապա թէ ոչ՝ ի սմին։

Gegham returned again to the same plain, and at the foot of the same mountain *Gegh* in a small secure valley, he built a settlement and gave it his own name, Geghami, which later was called Gar'ni, after his grandson, Gar'nik. From his offspring, in the time of Artashes, grandson of Vagharshak, descended a certain youth named Varazh who was skillful in hunting deer, wild goats, and boars and was an accomplished marksman. *Artashes* established *Gegham as head* of the royal hunt, and gifted him a cultivated area on the bank of the river which is called Hrazdan. They say that it is from him that the House of the Varazhnuni descends. This Gegham, as we mentioned before, became the father of Harmay after some years, then died after living additional years. He had ordered his son Harmay to reside in Armawir.

This Hayk, son of Torgom, son of T'iras, son of Gomer, son of Japheth, was the ancestor of the Armenians; and these were his clans and descendants and their land of habitation. Subsequently they began, he says, to multiply and fill the country.

As for Harmay, he lived some years and became the father of Aram.

It is told of Aram that he performed many valiant deeds in battles and that he extended the borders of Armenia on all sides. By his name all peoples call our land *Armenia*, such as the Greeks, Armenia, and the Persians and Syrians, Armenikk'. Now if you wish, we may set forth, outside this book, *Aram's* complete history and his deeds of valor, how they were done, and in whose time; otherwise *we shall include those accounts* in this one.

ԺԳ

Յաղագս ընդ արևելեայս պատերազմին և յաղթութեանն, և մահուան Նիւքարն Մադեսայ:

Եւ վասն զի հաճոյ թուեցաւ մեզ զաշխատութիւնն, որ ի վերայ քոյ հրամանիդ, համարել հեշտութիւն, քան զառ ի յայլոցն որ ի կերակրոց և յըմպելեաց լինի խրախճանութիւնք՝ հաւանեցաք անցանել սակաւուք և ընդ կարգ բանից պատերազմացն որ ի Հայկեանն Արամայ։ Սա այր աշխատասէր և հայրենասէր եղեալ, որպէս ցուցանէ նոյն պատմագիր, լաւ համարէր զմեռանելն ի վերայ հայրենեացն, քան թէ տեսանել զորդիս աւտարածնաց կոխելով զսահմանս հայրենեացն և հարազատից արեան նորա տիրել արանց աւտարաց։

Այս Արամ, սակաւուք ամաւք յառաջ քան զտիրելն Նինոսի Ասորեստանեայց և Նինուէի, նեղեալ յազգացն որ շուրջ զիւրեաւ՝ ժողովէ զքաջմութիւն ընտանի արանց քաջաց և աղեղնաւորաց, և որք ի տէգ նիզակի կամակաբողք, նորատիք և հարուստք յոյժ և յաջողաձեռնութիւն իսկ, և երեսաւորք ի սիրտ և ի պատրաստութիւն պատերազմի, իբր թէ բիւրս հինգ։ Պատահէ Մեդացւոցն երիտասարդաց, որոց առաջնորդէր Նիւքար ումն ասացեալ Մադէս, այր հպարտ և պատերազմասէր, որպէս ցուցանէ նոյն ինքն պատմագիրն, յեզերս սահմանացն Հայոց։ Որոց միանգամ քուշանաբար հինիւ սմբակակոխ արարեալ զսահմանս Հայոց՝ ծառայեցոյց ամս երկուս։ Որում յանկարծակէն ի վերայ հասեալ Արամ յառաջ քան զծագել արեգական՝ սատակեաց զքաջմութիւն ամբոխիցն, և զնոյն ինքն զՆիւքարն զկոչեցեալն Մադէս ձերբակալ արարեալ ածէ յԱրմաւիր, և անդ ուրեմն ի ծայրս աշտարակի պարսպին ցից վարեալ երկաթի ընդ ճակատն, յորմն վարսել հրամայէ, ի տեսիլ անցաւորաց և ամենայն եկելոց անդր. և զաշխարհն նորա մինչև ի լեառնն անուանեալ Զարասպ՝ ի ծառայութեան հարկի կալաւ մինչև ցթագաւորութիւնն Նինոսի ի վերայ Ասորեստանի և Նինուէի։

13

Regarding the war and victory over the inhabitants of the East, and about the death of Niwk'ar Made's.

Since executing the work you ordered is more pleasant to us than eating, drinking, and carousing is to others, we have agreed to discuss briefly and in order the wars of Hayk's descendant, Aram. *Aram* was an industrious, patriotic man, as the same historian reveals, and he thought it better to die for his fatherland than to see the sons of foreigners trampling the borders of his patrimony, and foreigners ruling over his genuine blood relations.

This Aram, a few years before Ninus ruled over the Assyrians and Nineveh, being harassed by the peoples living around him, assembled a multitude of his own select brave men, numbering about 50,000: bowmen, powerful spearmen, young and strong, attractive of face, dexterous in battle, bravehearted, and ready for battle. *Aram* encountered *a group of* Median youths, under the leadership of a certain Niwk'ar, called Made's, a proud and warlike man, at the borders of Armenia, the same historian notes. Like a robber, like the Kushans, he trampled the borders of the Armenians for two years with his horses' hooves and for two years controlled them. But suddenly, Aram came upon him before sunrise and killed the multitude of his host. He captured this same Niwk'ar, called Made's, and took him to Armavir. There, at the top of a tower of the wall, he pierced *Niwk'ar's* forehead with an iron nail, and ordered him to be hanged to the wall in the view of passersby and all who went there. *Aram* subjected *Niwk'ar's* land to tribute as far as the mountain named Zarasp, until the kingship of Ninus over Assyria and Nineveh.

BOOK I

Իսկ Նինոս թագաւորեալ ի Նինուէ՝ յիշատակ քինու
զնախնւոյն իւրոյ զԲելայ ունէր ի մտի, ի գրուցաց ուսեալ.
և զայս խորհէր հատուցանել յամս ձիգս, նկատել որսալ
զյաջողութիւն աւուրց, բառնալ ջնջել զամենայն ճետ սեր-
մանեալ յարանց քաջին Հայկայ։ Այլ երկիւղ կասկածանաց
խարդաւանակ լինելոյ իւրոյ թագաւորութեանն զայսպիսիս
համարեալ իրագործութիւնս՝ ծածկէ զչարութիւնն, և հր-
րամայէ նմա զնոյն իշխանութիւն անկասկածաբար ունել.
և համարձակութիւն տայ նմա վարսակալ ածել մարգար-
տեայ, և երկրորդ նորա կոչել։ Այլ այս շատասցի ասել
այսչափ. քանզի չթողացուցանէ զմեզ որ առաջիկայս է իր՝
յեզերումն յամել այսր պատմութեան։

And so it came about that when Ninus began to rule in Nineveh, he remembered the grudge that his ancestor *Bel* had, having learned about it from legends. For many years he thought about revenge, hoping to wait for a convenient time for the complete extermination of the entire tribe descended from the seed of the descendants of the valiant Hayk. However, he hid his evil *intentions* as he planned such actions, due to the fear and uncertainty that his own kingdom might fall into danger. And so, he ordered *Aram* to hold that same principality without suspicion, and gave him permission to wear an ornament of pearls in his hair, and to be called the second *after Ninus*. But enough of this, for the work ahead does not permit us to dwell any longer on this narration.

ԺԴ

Յաղագս ընդ Ասորեստանեայս կռուոյն և յաղթութեանն, և Պայապայն Քաաղեայն, և Կեսարու, և առաջին և այլոց անուանեալ Հայոց։

Կարգեսցուք դոյզն յիշատակաւք բանից և որ ինչ զկնի այսորիկ յարևմուտս սորա գործք քաջութեան պատմին ի նոյն մատենի, և որ ընդ Ասորեստանեայս կռւին. զպատճառս և զզաւրութիւն իրացն միայն յայտնելով, և զերկարութիւն գործոյն համառաւտ բանիւ յանդիման կացուցանելով։

Նոյն այս Արամ, յետ վճարելոյ ճակատուն որ ընդ արևելեայս՝ խաղայ նոյն զաւրութեամբ զկողմամբք Ասորեստանի. գտանէ և անդ զոմն ապականիչ երկրին իւրոյ, չորիւք բիւրովք վառելովք հետևակաւք և հինգ հազար հեծելազաւրու, Բարշամ անուն, յազգէ սկայիցն. որոյ սաստկագոյնս նեղեալ հարկաց խստութեամբ՝ անապատ զբովանդակ շրջակայն իւր առնէր։ Սմա ճակատու պատերազմի ի դիմի հարեալ Արամ, հալածական ընդ մէջ Կորդուաց ի դաշտն Ասորեստանի արկանէ, զբազումս ի նոցանէ սատակելով. իսկ Բարշամ առաջի զինակրաց նորա պատահեալ՝ մեռանի։ Եւ զայս Բարշամ վասն իւրոց արութեան բազում գործոց աստուածացուցեալ պաշտեցին Ասորիք ժամանակս յոլովս։ Իսկ զմեծ մասն դաշտացն Ասորեստանի կալաւ ի ծառայութեան հարկի Արամ բազում ժամանակս։

Այլ որ ինչ յարևմուտս կոյս ընդ Տիտանեանսն է սորա գործ քաջութեան՝ ասել կայ մեզ առաջի։ Աստ յարևմուտս շարժեալ ի վերայ առաջնոյն չորիւք բիւրովք հետևակազաւրու և երկու հազար հեծելովք՝ հասանէ ի կողմանս Կապադովկացւոց, ի տեղի մի, որ այժմ ասի Կեսարիա։

14

About fighting against the Assyrians and *the Armenians'* victory, and also regarding Payapis K'aagheay, and Caesarea, and the first and other Armenias.

Let us set out in a few words what is then narrated in the same book about *Aram's* deeds of bravery in the west and about the war with the Assyrians, explaining only the causes and significance of events and presenting a concise *account* of the lengthy work *of Mar Abas Catina*.

This same Aram, on the conclusion of his war with the inhabitants of the East, advanced to the borders of Assyria with the same force. He found there a certain Barsham, from the race of giants, who was ruining his land with 40,000 armed infantry and 5,000 cavalry—who was oppressing *the inhabitants* by the severity of his taxes, and turning the surrounding areas into a desert. Aram defeated him in battle and chased him through Korduk to the Assyrian plain, killing many of his troops. Barsham himself died, overtaken by *Aram's* warriors. Barsham was deified and worshipped by the Assyrians for a long time because of his many deeds of valor. Aram put much of the Assyrian plain under taxation for many years.

Before us now is the work of describing his deeds of valor against the Titans in the West. *Aram* had gone west with *an addition* to his former *military force of* 40,000 infantry and 2,000 cavalry, to a place now called Caesarea in Cappadocia.

Եւ քանզի զարեւելեանն և զհարաւայինն նուաճեալ, յանձնեալ էր ի ձեռն երկուց ցեղիցս այսոցիկ, Սիսակեանցն զարեւելս, և որք ի Կադմեայ տանէն՝ զԱսորեստանին՝ ոչ ինչ այնուհետեւ կասկած շփոթից ուստեք ունէր։ Վասն որոյ յերկարեալ ժամանակս լինել յարեւմուտս՝ պատահէ նմա Պայապիս Քաաղեայն Տիտանեան պատերազմաւ, որ բռնացեալ ունէր զմիջոց երկուց ծովուց մեծամեծաց, զՊոնտոսն և զՈվկիանոսն։ Որում ի դիմի հարեալ վանէ, փախստական արկանելով ի կղզի ինչ ասիական ծովուն։ Եւ իւր թողեալ զոմն Մշակ անուն յազգէ իւրմէ և բիւր մի ի զաւրացն ի վերայ աշխարհին՝ և ինքն դառնայ ի Հայս։

Բայց հրաման տայ բնակչաց աշխարհին՝ ուսանել զխաւսս և զլեզուս հայկական. վասն որոյ մինչև ցայսաւր ժամանակի անուանեն Յոյնք զկղիմայն զայն Պռոտին Արմենիան, որ թարգմանի Առաջին Հայք։ Եւ զդաստակերտն, զոր շինեաց յանուն իւր Մշակ կողմնապետն Արամայ, փոքրագունիւք պարսպեալ որմովք, անուանէին հինք աշխարհին՝ Մաժաք, որպէս ոչ կարելով ուղղախաւսել. մինչև յետոյ յոմանց ընդարձակագոյն շինեալ՝ անուանեցաւ Կեսարիւ։ Ըստ նմին աւրինակի ի տեղեացն այնոցիկ մին-չև ցբուն իւր սահմանսն, զբազում անբնակ երկիր ելից բնակչաւք, որք Երկրորդ և Երրորդ անուանեցան Հայք, այլ և Չորրորդ։ Այս է առաջին և ճշմարիտ պատճառն վասն անուանելոյ զարևմտեան մեր կողմն Առաջին և Երկրորդ, այլ և Երրորդ և Չորրորդ Հայք։ Իսկ որ այլ ի յոմանց ասի ի յունական կողմանսն՝ մեզ ոչ է հաճոյ. այլոց որչափ կամք իցեն։

Արդ սա այսպէս հզաւր և անուանի եղեալ՝ յանուն սորա մինչև ցայսաւր, որպէս ամենեցուն յայտնի է, որ շուրջ զմեաւք ազգք զաշխարհս մեր անուանեն։ Բազում և այլ գործք քաջութեան ի սմանէ գտանին կատարեալ, այլ մեզ բաւական լիցի ասացեալս։

He no longer had any doubts about *the security of* the *eastern and southern areas* which might result from conflicts, since the eastern and southern areas had already been conquered, and he had entrusted *their rule* to two clans—the east to the Sisakans and *the south,* Assyria, to the House of Cadmus. So as he was spending a long time in the West, he encountered in battle the Titan Payapis Kaagheay who had seized the territory between the two great seas—the Pontus and the Ocean. *Aram* fought him and put him to flight, expelling him to an island in the Asian sea. Then *Aram* returned to Armenia, leaving over that land a certain member of his clan named Mshak, with 10,000 troops.

Aram issued an order to the inhabitants of the land to learn the Armenian speech and language. Therefore, to this day, the Greeks call that area Prote Armenia, which, translated, means "First Armenia." And the estate which Mshak, Aram's lieutenant, had built in his own name and fortified with low walls was called Mazhak by the old inhabitants of the land, since they were unable to pronounce it correctly, until it was later enlarged by some people and called Caesarea. In the same manner, he filled many uninhabited areas with residents, from that place up to his own borders, *areas* which were called Second and Third Armenia, and also Fourth. This is the primary and true reason for the naming of the western areas First and Second as well as Third and Fourth *Armenia*. Whatever else is said by some in the Greek areas does not please us; others *may think* as they wish.

Now *Aram* became so mighty and renowned that the peoples around us to this day, as everyone knows, call our land by his name. He performed many other deeds of bravery, but we will confine ourselves to those mentioned above.

Բայց թէ ընդէ՞ր այսոքիկ ի բուն մատեանս թագաւորացն կամ ի մեհենիցն պատմութիւնս ոչ յիշատակեցան, մի՛ ոք ընդ այս երկբայացեալ տարակուսեսցի։ Մի՝ զի յառաջ քան զՆինոսի ժամանակ թագաւորութեանն է, յորում ոչ ոք այսպիսի իրաց փոյթ յանձին ունէր. երկրորդ՝ զի ոչ հարկ ինչ և ոչ պէտք կարևորք էին նոցա՝ զազգաց աւտարաց և զաշխարհաց ի բացեայ և զհամբաւս հինս և զզրոյցս նախնականս յիւրեանց թագաւորաց կամ մեհենից մատեանս գրել. մանաւանդ զի և ոչ պարծանք ինչ նոցա և ոչ բարգաւաճանք՝ աւտար ազգաց քաջութիւն և գործք արութեան։ Բայց թէպէտ և ոչ ի բուն մատեանսն, սակայն որպէս Մար Աբաս Կատինայ պատմէ՝ ի փոքունց ոմանց և յաննշանից արանց, ի գուսանականէն այս գրտանի ժողովեալ ի դիւանի արքունեաց։ Ասէ և այլ իմն պատճառս նոյն այր, թէ, որպէս ուսայ՝ հպարտ և անձնասէր գոլով Նինոս, և կամելով զինքն միայն աշխարհակալութեան և ամենայն քաջութեան և լաւութեան ցուցանել սկիզբն՝ հրամայէ զբազում մատեանս և զզրոյցս առաջնոցն, տեղեաց տեղեաց և ուրուք ուրուք գործոց քաջութեան, այրել, իսկ որ առ իւրովք ժամանակաւք՝ դադարեցուցանել, և որ ինչ վասն իւր միայնոյ՝ գրել։ Այլ զայս աւելորդ եղև մեզ երկրորդել։

Բայց Արամ յետ ամաց կենաց իւրոց ծնաւ զԱրայն. յետ որոյ և այլս բազումս կեցեալ ամս՝ մեռաւ։

But regarding why such *accounts* were not written in the original books of the *Mesopotamian* kings, or in the temple histories, let no one doubt or hesitate. *This happened,* first, because *Aram lived* prior to the time of the reign of Ninus, *in a period* when no one bothered about such things. Second, because they saw no need or urgent necessity to write down in the books of their own kings or temples the ancient reports and ancestral stories of foreign peoples and remote lands. This was especially the case since, for them, the valor and brave deeds of foreign peoples were not objects of boasting or glorifying. But although they were not *recorded* in their original books, nonetheless, as Mar Abas Catina relates, they were collected by some lesser and obscure men from the ballads of gusans and are found in the royal divan. This same man mentions another reason, namely, that, as I have heard, Ninus was proud and self-centered, and so he wanted to show that he alone was the origin of empire and of all bravery and everything good. Consequently, he ordered that many books and stories of the ancients concerning deeds of valor performed in various places and by various people be burned. As for what was *recorded* in his own time *Ninus ordered that the writing of it* should be suspended, and only things concerning himself should be written down. But it is superfluous for us to repeat this.

As for Aram, after some years he became the father of Ara, and after many more years of life, he died.

ԺԵ

Յաղագս Արայի, և մահուան նորա պատերազմաւ ի Շամիրամայ:

Արայ սակաւ ամաւք յառաջ քան զվախճանելն Նինոսի խնամակալեաց իւրոց հայրենեացն, նոյնպիսում շնորհի արժանաւորեալ ի Նինոսէ՝ որպէս և հայրն իւր Արամ։ Բայց վաւաշն այն և բոզբոզիկոտն Շամիրամ ի բազում ամաց լուեալ զգեղեցկութենէ նորա՝ ցանկայր հասանել. այլ ոչ ինչ յայտնապէս զայսպիսիս իշխէր գործել։ Իսկ յետ վախճանելոյն, կամ փախստական լինելոյն Նինոսի ի Կրետէ, որպէս հաւանեալ եմ, համարձակ պատուելով Շամիրամայ զախտն՝ առաքէ հրեշտակս առ Արայն գեղեցիկ՝ ընծայիւք և պատարագաւք, բազում աղաչանաւք և խոստմամբ պարգևաց, գալ առ նա ի Նինուէ, կա՛մ առնուլ կնութեան և թագաւորել ի վերայ ամենայնի՝ որոց տիրէր և Նինոս, և կամ կատարել զկամս ցանկութեան նորա և դառնալ մեծաւ պատարագաւք և խաղաղութեամբ ի տեղի իւր։

Եւ ի բազում անգամ երթևեկութեան հրեշտակացնացութեանն լինել, և յոչ հաւանել Արային, ի սաստիկ ցասման լեալ Շամիրամայ՝ ի վախճանի պատգամաւորութեանն առնու զբազմութիւն զաւրաց իւրոց, և փութայ երթալ հասանել յերկիրն Հայոց ի վերայ Արայի։ Բայց որչափ ի դիմացն էր նշանակեալ, ոչ այնչափ ի սպանանել զնա և ի հալածել փութայր, քան թէ ի նուաճել կամ զբռնամբ ածել, զի լցցէ զկամս ցանկութեան իւրոյ. զի առ յոյժ ցանկականի մոլեգնութեանն, ի բանսն որ զնմանէ՝ որպէս ի տեսութիւն շամբշութեամբ վառեալ էր։ Գայ հասանէ տագնապաւ ի դաշտն Արայի, որ և յանուն նորա անուանեալ Այրարատ։ Եւ ի լինել ճակատուն՝ պատուէր տայ զաւրապետաց իւրոց, թէ դէպ լինիցի՝ հնարել ապրեցուցանել զԱրայն։ Իսկ ի լինել մարտին՝ հարկանի զաւրն Արայի, մեռանի և Արայ ի պատերազմին ի մանկանցն Շամիրամայ։

15

About Ara and his death in warfare with Shamiram.

Ara commenced overseeing his patrimony a few years before the death of Ninus. He was granted *sovereignty* over it having been deemed worthy by Ninus, like his father Aram. Now it came about that the lustful and lascivious Shamiram for many years had been hearing about his good looks and was desirous of achieving her aims, but *at the time* she did not dare to do anything openly. However, after the death of Ninus—or, as I believe, after Ninus' flight to Crete—she gave free reign to her sickness and sent envoys to Ara the Handsome with gifts and offerings, with many entreaties and promises of *more* gifts that he should come to her in Nineveh and *either* marry her and reign over everything that Ninus had reigned over, or else after fulfilling her will and desire, return to his own place in peace and with great rewards.

    Despite the frequent traffic of *Shamiram's* messengers, Ara did not agree *to her proposals*. Transported into a rage, *Shamiram* stopped sending messengers, gathered a multitude of her troops and hastened to go against Ara in the country of the Armenians. But, as was clear from her face, she did not so much want to kill him or expel him as to subdue him and get him in her grasp so that he would satisfy her desire. For in the foolishness of her great passion, she had become madly inflamed *merely* at the reports about him, as though she had actually seen him. She arrived in a hurry at the plain of Ara, which was named Ayrarat after him. When the battle line was formed, she ordered her military commanders that they should let Ara live, if possible. However, in the battle, Ara's army was defeated and Ara himself was killed by Shamiram's warriors.

Դիակապուտս առաքէ տիկինն յետ յաղթութեանն ի տեղի ճակատուն, խնդրել ի մէջ դիականցն անկելոց զըղձալին իւր և զտարփածուն։ Գտանեն զԱրայն մեռեալ ի մէջ քաջամարտկացն, և հրամայէ դնել զնա ի վերնատան ապարանիցն։

Իսկ ի գրգռել միւսանգամ զաւրացն Հայոց ի մարտ պատերազմի ընդ տիկնոջն Շամիրամայ, քինախնդիր լինել մահուանն Արայի՝ ասէ. «Հրամայեցի աստուածոցն իմոց լեզուլ զվէրս նորա, և կենդանասցի։» Միանգամայն և ակն ունէր դիւթութեամբ վհկութեան իւրոյ կենդանացուցանել զԱրայ, ցնորեալ ի տռփական ցանկութենէն։ Իսկ իբրև նեխեցաւ դի նորա՝ հրամայէ ընկենուլ ի վիհ մեծ և ծածկել. զմի ոմն ի հոմանեաց իւրոց զարդարեալ ունելով ի ծածուկ՝ համբաւէ զնմանէ այսպէս. «Լիզեալ աստուածոցն զԱրայ և կենդանացուցեալ լցին զփափագ մեր և զհեշտութիւն. վասն որոյ առաւել յայսմ հետէ պաշտելիք են ի մէնջ և փառաւորեալք, իբրև հեշտացուցիչք և կամակատարք։ Կանգնէ և նոր իմն պատկեր յանուն դիւաց, և մեծապէս զոհիւք պատուէ, ցուցանելով ամենեցուն, իբր թէ այս զաւրութիւն աստուածոցն կենդանացուցին զԱրայ։ Եւ այսպէս համբաւեալ զնմանէ ի վերայ երկրիս Հայոց, և հաւանեցուցեալ զամենեսեան՝ դադարեցուցանէ զխազմն։

Եւ որ ինչ յաղագս Արայի՝ կարճառաւտիւ և այսչափ շատ լիցի յիշատակել։ Սա կեցեալ ամս՝ ծնաւ զԿարդոս։

After the victory, the queen sent *scouts* to the site of the battle to find the object of her desire, her beloved one, among the fallen bodies and to steal the corpse. They found Ara dead amidst his warriors, and she ordered them to place *his body* in the upper room of her palace.

When the troops of the Armenians again were roused to fight with Queen Shamiram, to avenge the death of Ara, she said: "I have ordered my gods to lick his wounds and bring him back to life." And indeed, she really believed that she could revive Ara by the magic of her sorcery, being mad with lust for her darling. However, when his corpse began to decay, she ordered that it be thrown into a deep pit and covered up. Then, having secretly dressed up one of her lovers *to look like Ara*, she spread the following *rumor* about him: "The gods licked *the wounds* of Ara and, restoring him to life, have fulfilled our wish and pleasure. Therefore, henceforth, they are even more worthy of worship and glorification among us, as they fulfill our pleasures and accomplish our desires. *Shamiram* then erected some new idol to the glory of the gods and revered it with great sacrifices, wanting to show everyone that it was the power of these gods, supposedly, that brought Ara back to life. And she spread these reports about him throughout this country of the Armenians and convinced everyone, thereby bringing the war to an end.

As regards Ara, let what we have recorded in brief be sufficient. He lived some years and became the father of Kardos.

ԺԶ

Թէ որպէս յետ մահուանն Արայի Շամիրամ շինէ զքաղաքն և զամբարտակ գետոյն և զիւր տունն:

Իսկ զկնի այսպիսեաց իրաց յաջողութեանց դադարեալ Շամիրամայ աւուրս ինչ սակաւս ի դաշտին, որ անուանեալ կոչի յանուն Արայի Այրարատ, ելանէ ի լեռնակողմանս երկրի հարաւակողմանն, քանզի ժամանակ ամառնային էր, զբաւսնուլ կամելով ի հովիտս և ի դաշտս ծաղկաւէտս։ Եւ տեսեալ զգեղեցկութիւն երկրին և զաւդոցն մաքրութիւն և զաղբերացն յստակագոյն բղխմունս և զկարկաջահոսութիւն գետոց բարեգնացից՝ «Պարտ է մեզ, ասէ, յայսպիսում բարեխառնութեան աւդոց և մաքրութեան ջուրց և երկրի, քաղաք և արքունիս շինել բնակութեան, որպէս զի զչորրորդ մասն ի բոլորմանէ տարւոյն, որ է ամառնային եղանակ, ըստ ամենայն բարեվայելչութեան անցուցանիցեմք ի Հայս, և զայլս ևս երիս որոշմունս աւդոցն զովութեան տածիցեմք ի Նինուէ։

Եւ անցեալ ընդ բազումս ի տեղեաց՝ գայ հասանէ յարևելից կողմանէ յեզր ծովակին աղւոյ. և տեսեալ առ եզերբ ծովուն երկայնաձև բլուր մի, որոյ նիստ երկայնութեանն ի մուտս կոյս արեգականդ, սակաւ ինչ առիկողեալ ի հիւսիսոյ, իսկ ի միջաւրեայ կողմանէ դէպ ուղիղ առ երկին հայելով՝ քարանձաւ կանգուն անշեղ. և ի սմանէ զհարաւով բացագոյն հովիտ իմն դաշտաձև և երկայնաձիգ յարևելից կողմանէ լերինն իջանելով յեզր ծովուն, ընդարձակ և գեղեցիկ ձորաձև, որոյ ընդ մէջն հոսանք ջուրց բարեհամաց ի լեռնէն իջանելով, ի ծործորոց և ի հովտաց քամեալք, և ի հիմանց փեղկից լերանց միաւորեալք ի ծաւալումն գետոց պերճանային. և շէնք ոչ սակաւք ի հովտաձև ձորակին, յաջմէ և յահեկէ ջուրցն յաւրինեալք. և յարևելից կողմանէ հաճեցեալ բլրոյն՝ լեառն մի փոքրագոյն։

16

How Shamiram built the city, aqueduct and her dwelling after Ara's death.

After these successful events, Shamiram lingered not a few days in the plain named after Ara, Ayrarat. She went out to the mountainous region on the southern side of the land because it was summertime and she wanted to enjoy the flowering meadows and plains. Seeing the beauty of the country, the purity of the air, the clearness of the flowing streams, and the gurgling of the fast rivers, she said: "In such a temperate climate and purity of waters and countryside we must build a city and palace, so that we may spend a quarter of the year, the summer season, in Armenia because of all its charms. The other three cooler seasons we shall spend in Nineveh."

Passing through many areas, she arrived at the eastern shore of a salt lake. On the shore of the lake she saw a long hill whose length ran toward the setting sun. To the north it sloped somewhat, but to the south it looked straight up to heaven, with a cave in the vertical rock. To the south of the hill there opened out a wide meadow like a plain, descending from the mountain on the east to the edge of the lake—a spacious and beautiful valley through which ran streams of sweet water. These streams, descending from the mountain and flowing through the valleys and meadows, accumulated in the crevices at the base of the mountains, and then spread out as extensive and luxurious rivers. There were not a few cultivated areas in the valley, built on both sides of the waters, and to the east of the hill she liked was situated a low mountain.

Աստ իմն ակնակառոյց լեալ այրասիրտն այն և կաթոտն Շամիրամ, հրաման տայ չորից բիւրոց և երկուց հազարաց արանց անարուեստից գործաւորաց յԱսորեստանեայց և յայլոց իշխեցելոց, և վեց հազար իւրոց ընտրելոց յամենայն արուեստաւոր գործաւորաց փայտի և քարի, պղնձոյ և երկաթոյ, որք ամենևին կատարեալք իցեն յարուեստագիտութեան, ածել անխափան ի փափագեալ տեղին. և գործն հաւասար հրամանին առնոյր զկատարումն։ Եւ վաղվաղակի ածեալ լինէին բազմութիւն խառնաղանճից գործաւորացն և բազմարուեստից հանճարեղաց իմաստնոցն։ Եւ հրամայէ նախ զամբարտակ գետոյն ապառաժիւք և մեծամեծ վիմաւք շինել, կրով և աւազով մածուցեալ, անբաւ լայնութեամբ և բարձրութեամբ. որ կայ հաստատուն, որպէս ասեն, մինչև ցայսաւր ժամանակի։ Եւ ի պատառուածս նոյն ամբարտակի գետոյն այժմ, որպէս լսեմք, մարդիկ աշխարհին ի հէն և ի գաղթականս փախստեամբ ամրանան, իբր ի ծայրս քարանձաւաց լերանց ամրացեալք։ և եթէ զփորձ առնուլ դէպ ումեք լինիցի և ոչ իբր պարսատկաց քար մի արժանաւոր ի շինուածոյ ամբարտակին խլել ոք զաւրեսցէ, թէև մեծաւ աշխատութեամբ ջանայցէ։ Եւ ի հեղուսուածս արուեստին որ զքարամբքն՝ հայեցեալ ուրուք, որպէս ճարպոյ ինչ հեղման հայեցողացն երևեցուցանէ կարծիս։ Եւ այսպէս ընդ բազում ասպարէզս անցուցեալ զամբարտակն՝ հասուցանէ ի նկատեալ տեղի քաղաքին։

Եւ անդ հրամայէ զամբոխն ի բազում դասս որոշել, և ի վերայ իւրաքանչիւրոց դասուց զընտիրս ի ճարտարացն վարդապետս կարգել. և այսպէս ի սաստիկ ճգնութեան պահեալ՝ յետ սակաւ ամաց կատարէ զհրաշալին ամրագունիւք պարսպաւք, հանդերձ դրամբք պղնձակերտիւք։

After careful examination, it was here, to this desired spot, that Shamiram, resolute and lascivious, ordered at once 42,000 regular workers to be brought from Assyria and other lands under her sway and 6,000 chosen from her most talented craftsmen of wood and stone, bronze and iron, who were most proficient in their skills. And the work was completed according to her command: Immediately a diverse multitude of workers and expert craftsmen was brought in. First, she ordered that an aqueduct[24] of unlimited width and height should be built for the river, made from pieces of rocks and massive boulders, cemented with mortar and sand. It has remained firm, as they say, until the present time. And nowadays in the crevices of the aqueduct, as we hear, people from the land entrench themselves for robbery and hide, using it a place of refuge from flight, as though they were as secure here as they would be on the rocky summits of mountains. Moreover, should anyone make the attempt, he would be unable to remove from the structure of the aqueduct even a *small* stone suitable for a sling, no matter how hard he might try. And if one were to examine the skill of the cementing around the stones, it would appear to him *so smooth that it seemed* to have been made with melted lard. In this manner she extended the aqueduct over many stadia and brought it to the place designated for the city.

There she ordered the crowd *of workmen* to be divided into many groups and over each group to be set chosen masters of the craft. And thus, by maintaining strict discipline, within a few years she completed the marvelous *city, built* with strong walls and bronze gates.

---

24 Alternatively, dam or reservoir.

Շինէ և ընտիր ընտիրս և բազումս ի մէջ քաղաքին ապարանս ի պէս պէս քարանց և ի գունից զարդարեալս, կրկնայարկս և եռայարկս, և ըստ պատեհի իւրաքանչիւր՝ արեգակնակս․ և գեղեցկագունիւք և ընդարձակ փողոցիւք զկողմանս քաղաքին որոշելով։ Շինէ և զչքնաղս ոմանս և զզարմանալոյ արժանաւորս ըստ պիտոյից միջոցաց քաղաքին լուալիս։ Եւ զմասն ինչ գետոյն ընդ մէջ քաղաքին բաշխեալ անցուցանէ ի սպաս ամենայն պիտոյից և յարբուցմունս բուրաստանաց և ծաղկոցաց․ և զայլն զեզերբ ծովակին յաջմէ և յահեկէ՝ քաղաքին և բովանդակ շրջակային յարբուցումն։ Եւ զամենայն արևելեան և զհիւսիսային և զհարաւային կողմանս քաղաքին զարդարէ դաստակերտաւք, և սաղարթիւք ծառոց վարսաւորաց, զանազանեալք ի պտուղս և ի տերևս․ և բազումս բազմաբերս և գինեբերս ի նմա տնկեաց ովիտս։ Եւ ամենայնիւ հոյակապ և հռչակաւոր զպարսպեալն յաւրինէ, և անթիւ բազմութիւն մարդկան ի ներքս բնակեցուցանէ։

Իսկ զծայր քաղաքին և որ ինչ ի նմա հրաշակերտութիւնք՝ բազմաց ի մարդկանէ ոչ հասու լեալ, և ոչ պատմել է կարողութիւն։ Զորոյ պարսպեալ զգագաթնն՝ դժուարամուտս ոմանս և դժոխելանելիս ի նմա յաւրինէ շինուածս արքայանիստս, և ծածուկս իմն ահագինս։ Որոյ որպիսութիւն դրութեանն յաւրինուածոյ ոչ ի լսելի մեր հասեալ ճշմարտութեամբ յումեքէ, և ոչ մեք ի պատմութիւնս հիւսել հաւանիմք․ այլ ասեմ միայն, թէ ամենայն թագաւորականաց գործոց, որպէս լուաք, առաջին և վեհագոյն համարեալ։

Իսկ զընդդէմ արեգական կողմն անձաւին, ուր և ոչ գիծ մի երկաթով այժմ վերագրել ոք կարէ, զայսպիսի կարծրութիւն նիւթոյ պէս պէս տաճարս և սենեակս աւթից և տունս գանձուց և վիհս երկարս, ոչ գիտէ ոք, թէ որպիսեաց իրաց պատրաստութիւն հրաշակերտեաց։

Inside the city she also built many choice palaces, adorned with stones of various colors, *structures* of two and three stories, each one turned to the sun where possible. The sections of the city were divided by beautiful broad avenues. In the middle of the city she built some delightful baths for people's needs, with admirable art. She diverted part of the river through the city to serve every necessity and for the irrigation of the parks and flower gardens. The rest she made run along the shore of the lake to the right and left, to irrigate the city and all the surrounding area. All the regions east, north, and south of the city she adorned with estates and with leafy trees that produced varied fruit and foliage. There she planted many types of fruit trees and wine-producing vineyards. She made the walled city absolutely splendid and magnificent, and settled there a countless multitude of inhabitants.

As for the summit of the city and the different marvellous structures upon it, many men cannot comprehend them nor is it possible to describe them. *Shamiram* enclosed the summit with a wall and erected there royal buildings, difficult of entry and exit. The nature of this site and construction we have not heard from anyone with accuracy, so we are unwilling to include it in our "History". Let us only say that of all the royal works, this, as we have heard, is considered the first and most magnificent.

On the side of the rock that faces the sun—and it is rock of such hardness that today one cannot scratch a line on it even with iron—*Shamiram carved out* various chambers and rooms, treasuries, and deep recesses—such astonishing things that no one knows how they were built.

Իսկ զամենայն երեսս քարին իբրև գրչաւ զմոմ հարթեալ՝ բազում գիրս ի նմա գրեաց. որոյ հայեցուածն միայն զամենայն ոք ի զարմանս ածէ։ Եւ ոչ միայն այս, այլ և ի բազում տեղիս յաշխարհին Հայոց արձանս հաստատեալ, նովին գրով յիշատակ ինչ իւր հրամայէ գրել. և ի բազում տեղիս սահմանս նովին գրով հաստատէր։

Արդ՝ որ ինչ յաղագս Շամիրամայ գործոց որ ի Հայս՝ ասացեալ է։

Over the entire surface of the rock, smoothing it like wax with a stylus, she inscribed many texts, the mere sight of which makes anyone marvel. And not only this, but also in many places in the land of the Armenians she set up monuments and ordered inscriptions in memory of herself to be written on them. Furthermore, in many places she fixed her boundaries with the same writing.

Now let what we have said about the deeds of Shamiram in Armenia be sufficient.

ԺԷ

Յաղագս Շամիրամայ, թէ է՛ր աղագաւ կոտորեաց զորդիս իւր. և թէ ո՛րպէս փախստական լինի ի Զրադաշտէ մոգէ ի Հայս, և մեռանի ի Նինուասայ որդւոյ իւրմէ:

Սա հանապազ յամառնայինսն ի խաղալն իւրում ի կողմանս հիւսիսոյ ի քաղաքն ամարաստանի զոր շինեաց ի Հայս՝ կողմնապետ և վերակացու Ասորեստանի և Նինուէի թողու զԶրադաշտ մոգ և նահապետ Մարաց: Եւ զայս այսպէս բազում ժամանակս կարգեալ Շամիրամայ՝ ամենևին հաւատայ նմա յարդարել զիւր իշխանութիւնն:

Եւ բազում անգամ յանդիմանեալ յորդւոց իւրոց վասն սաստիկ և վաւաշ պոռնկական բարուց իւրոց՝ կոտորէ զամենեսեան, և ապրի կրտսերագոյնն միայն, որ է Նինուաս: Բարեկամաց և հոմանեաց իւրոց պարգևելով զամենայն իշխանութիւն և զգանձս՝ ոչ ինչ վասն որդւոց իւրոց փոյթ յանձին ունէր: Քանզի և այրն նորա Նինոս ոչ, որպէս ասի, մեռեալ թաղեցաւ ի նմանէ ի Նինուէ յարքունիսն, այլ իմացեալ զախտասէր բարս նորա և զչարասէր, թողեալ զթագաւորութիւնն՝ փախստական անկանէր ի Կրետէ: Իսկ ի հասակ և ի միտս հասեալ որդւոց նորա՝ յիշեցուցանեն նմա զայս ամենայն, կարծելով ցածուցանել զնա ի դիւական պակշոտութենէն, և աւանդել զիշխանութիւնն և զգանձս՝ որդւոց իւրոց: Ընդ որ առաւել զայրագնեալ՝ սատակէ զամենեսեան. և մնայ միայն, որպէս վերագոյնն ասացաք, Նինուաս:

Իսկ ի լինել սխալանաց ինչ Զրադաշտի առ տիկինն, և հակառակութեան ի ներքս անկանել, պատերազմ ի վերայ նորա յարուցանէ Շամիրամ. քանզի բռնանալ ի վերայ ամենայնի խորհէր մարն: Եւ ի սաստկանալ պատերազմին՝ փախստական լինի Շամիրամ յերեսաց Զրադաշտի ի Հայս: Աստ ժամանակ վրէժխնդրութեան պատեհ գտեալ Նինուասայ՝ սպանանէ զմայրն և ինքն թագաւորէ ի վերայ Ասորեստանի և Նինուէի: Ահա ասացաք և յաղագս մահուանն Շամիրամայ, թէ ուստի՛ և ո՛րպէս:

17

About Shamiram: Why she killed her sons, and how she fled to Armenia *escaping* from the magian, Zoroaster, and died at the hands of her son, Ninuas.

Now since *Shamiram* was continually going to spend the summers in the northern regions, *traveling* to the summer residence that she had built in Armenia, she left as her governor and overseer for Assyria and Nineveh the mage Zoroaster. *Zoroaster* was a mage and also patriarch of the Medes. And Shamiram, having made this arrangement over a long period of time, entrusted him with the whole government of her realm.

Since she was often reproached by her sons for her extremely lewd and prostitute-like behavior, she killed all of them. Only the youngest, Ninuas, was spared. With no concern for her own sons, *Shamiram* bestowed all her power and treasures on her friends and lovers. Her husband Ninus had not, as is said, died and been buried by her in the palace at Nineveh. Rather, *Ninus* had abandoned his kingdom and fled to Crete, since he had become aware of her diseased and malevolent lifestyle. But when her sons attained maturity and understanding, they reminded her of all this—thinking that they would reduce her demonic passion, and that she would hand over the power and treasures to her sons. This *reproach* made her even more furious, and she killed all of them. Only Ninuas remained, as we said above.

Then, due to some errors *committed* by Zoroaster toward the queen, strife arose between them. Shamiram waged war against him, because the Mede planned to tyrannize over everyone. When the war intensified, Shamiram fled from Zoroaster, going to Armenia. Ninuas, finding the time appropriate for his revenge, killed his mother and then he himself ruled over Assyria and Nineveh. So we have now explained the cause and circumstances of Shamiram's death.

ԺԸ

Յաղագս թէ հաւաստի նախ լեալ պատերազմ Շամիրամայ ի հնդիկս, և զկնի մահ նորա որ ի հայս:

Ունիմ ի մտի և զԿեփաղիոնին, վասն ոչ տալ զմեզ բազմաց ծաղրել, զի ասէ ի բազմաց այլոց նախ յաղագս ծննդեանն Շամիրամայ, և ապա զպատերազմն Շամիրամայ ընդ Զրադաշտի և զյաղթելն ասէ Շամիրամայ, և ապա ուրեմն զպատերազմն Հնդկաց։ Այլ հաւաստի մեզ թուեցաւ որ ի Մար Աբայն Կատինայն է քննութիւն քաղդէական մատենից քան զայսոսիկ. քանզի ոճով իմն ասէ և զպատճառս պատերազմին յայտնէ։ Իսկ առ այսոքիւք և առասպելք աշխարհիս մերոյ զբազմահմուտ Ասորին արդարացուցանեն՝ աստ ուրեմն զմահն ասել Շամիրամայ, և զհետևակ փախուստն, զպասքումնն և ի զիղձս ջրոյն և զարբումնն, այլ և ի մաւտ հասանել սուսերաւորաց՝ և զյուռութիւն ի ծով, և բան ի նմանէ. «Ուլունք Շամիրամայ ի ծով։» Այլ թէ ախորժես առասպել՝ և Շամիրամ քար առաջին քան զՆիոբէ։ Արդ այս շատ է. բայց մեք որ ինչ զկնի այսորիկ։

18

Concerning the certainty that Shamiram first waged war in India and later died in Armenia.

I am aware *of the account* of Cephalion *and will mention it* so that we do not provide *an excuse* for many *folk* to laugh at us. For among many other topics, *Cephalion* mentions first the birth of Shamiram, then Shamiram's war with Zoroaster, which he says she won, followed by warfare with the Indians. More reliable to us than this seems the account by Mar Abas Catina *made* through examination of the Chaldean writings. For *the latter* wrote in a consistent style and reveals the causes of the war. Furthermore, the fables of our own land confirm the learned Assyrian *author's account*, when they speak of the death of Shamiram here, her flight on foot, her thirst and desire for water, and the quenching of her thirst; and, when the armed men *pursuing her* drew near, the *throwing of* the amulet into the sea, and the saying derived from that: "The pearls of Shamiram *thrown* into the sea." But if you delight in fables: *know that* Shamiram *was turned into* stone before Niobe. But enough of this. Now we must describe what happened subsequently.

ԺԹ

Ոչ ինչ զկնի մահուանն Շամիրամայ:

Յարմարեալ զամենայն կարգեցից քեզ ի գիրս յայսոսիկ զազգիս մերոյ աւագագոյն արս և զնախնիս, և որ ինչ վասն նոցա գրոյցք և իրականութիւնք իւրաքանչիւր, ոչ ինչ կամաց մտածական և ոչ ինչ անպատշաճ ի սմա յաւրինելով բան, այլ որ ինչ ի գրոց իսկ. ըստ նմանեացն ապա և որ ինչ ի բանից արանց իմաստնոց և յայսոսիկ քաջախոհաց, յորոց մեք արդարապէս ջանացաք հաւաքել զհնագրութիւնս: Եւ ասեմք լինել արդարաբան ի պատմութեանս յայսմիկ ըստ մերոյ յաւժարութեան և ուղղամտութեան. իսկ ըստ որոց հաւաքումնն՝ Աստուծոյ լինել յայտնիս, և մարդկան գովելիս կամ բասրելիս. մեք այնոցիկ աւտար և ի բաց կացեալ: Բայց զուգութիւն բարբառոց և հաւասարութիւն թուոյ կարգի պատանեացն՝ զճշմարտութիւն աշխատասիրութեանս մերոյ ակնարկէ: Եւ այսոցիկ այսպէս կարգելոց, կամ հաւաստի և կամ դոյզն ինչ կասեալ յարդարոյն՝ սկսայց քեզ և որ ինչ զկնի այսոցիկ ի Հիւսման պատմութենէ Պիտոյից:

Արդ՝ յետ մահուանն Շամիրամայ ի Զամեսեայ որդւոյ իւրմէ, որ է Նինուաս, որ եղև յետ սպանանելոյն զԱրային, այսպէս հաւաստեաւ գիտասցուք զկարգ բանից: Թագաւորէ Նինուաս, սպանեալ զմայրն հեշտասէր և խաղաղական կեցեալ. և առ սովաւ Աբրահամու աւուրք բաւեալք:

19

What transpired after the death of Shamiram.

Having put everything in order, I shall present to you in this book the greatest men and ancestors of our people, the stories that concern them, and each one's deeds—not inserting anything fictitious or improper, but only what has been taken from books and, similarly, from wise men learned in these matters. From *these sources* we have attempted to make an accurate collection *relating to* antiquities. And I will say that in this "History" we adhere to the truth according to our commitment to truthfulness. God knows that our collection has been made according to these principles. Whether people will praise or criticize it is of no importance to us. Nonetheless, the conformity of the accounts and the equivalence of the numbers of descendants suggest the accuracy of our labor. Having arranged all this in such a fashion, either with certainty, or with minor deviations from the truth, I shall begin to tell you about further events from the history *called* the "Web of Chries".

Now after the death of Shamiram, caused by her own son Zames, that is, Ninuas, which occured following the killing of Ara, we can know for certain the order of the following events. Ninuas came to the throne and lived in peace after killing his lascivious mother. It was in his time that the days of Abraham came to an end.

Ի

Համեմատութիւն ծննդաբանութեան ազգիս մերոյ ընդ Եբրայեցւոցն և ընդ Քաղդէացւոցն մինչև ցՍարդանապաղոս, որ կոչէր Թաւնոս Կոնկողերոս։

Եբրայեցւոց

Իսահակ, Յակոբ, Ղևի, Կահաթ, Ամրամ, Մովսէս, Յեսու։

Ի սմանէ յառաջ՝ ոչ ըստ ազգի, այլ ըստ յառաջադիմութեան արանց. զի և ամենեքեան յԱբրահամէ։

Ի սատակել սորա զՔանանացիսն՝ անցին ի սմանէ փախստականք յԱգռաս, նաւելով ի Թարսիս. և այս յայտնի է դրոշմամբն, որ յարձանսն Ափրիկեցւոց աշխարհին գրեալ կան մինչև ցայսաւր ժամանակի արդարապէս այսպէս. «Ի Յեսուայ գողոյ փախուցեալ՝ մեք նախարարք Քանանացւոց եկաք բնակել աստ։ Յորոց մի և Քանանիդաս պատուականագոյն մեր ի Հայս։ Եւ ստուգեալ հաւաստի գտաք զսերունդս ազգին Գնթունեաց ի սմանէ առանց հակառակութեան լեալ. զայս և բարք արանց ազգին յայտնեն՝ Քանանացի գոլ.

Գոթոնիէլ, Աւովդ, Բարակ, Գեդէոն, Աբրիմելէք, Թովղայ, Յայիր, Եփթայի, Եսեբովն, Եղովն, Ղաբդոն, Սամփսոն, Հեղի, Սամուէլ, Սաւուղ, Դաւիթ, և որ ի կարգին։

Քաղդէացւոց

Արիոս, Առալիոս, որ Ամիւռոս, Քսերքսէս, որ և Բաղէոս, Առմամիթռէոս, Բելոքոս, Բալէոս, Աղտադոս, Մամիթոս, Մասքաղէոս, Սփերոս, Մամիղոս, Սպարեթոս, Ասկատադէս, Ամինտէս, Բելոքոս, Բաղոտոռէս, Ղամպարիտէս, Սուսարիս, Ղամբարիս, Պաննիաս, Սոսառմոս, Միթռէոս, Տևտամոս, Տևտէոս, Թինևս, Դեռկիւղոս, Եպաղմոս, Ղաւսթենիս, Պեռիտիադէս, Ոփռատիոս, Փռատինիս, Ակռազանիս, Սարդանապաղոս։

20

The agreement of the genealogy of our people with those of the Hebrews and Chaldeans down to Sardanapalus, who was called Tawnos Konkoleros.

From the Hebrews

Isaac, Jacob, Levi, Kahat', Amram, Moses, Joshua.

After him, *leaders are listed* not according to family but by their precedence, and all of them descend from Abraham.

Now when it came about that Joshua killed the Canaanites, *some of them* fled from him to Agras, sailing for Tarsis. *The truth of* this can be seen from the inscriptions on stone pillars, in the land of the Africans, which have survived to this day, on which is written precisely this: "We, the Canaanite lords, fled from the thief Joshua, and came here to dwell." One of them—our most venerable Kananidae—*appeared here* among the Armenians. We made inquiries and found out, accurately, that the generations of the Gnt'uni family undoubtedly descend from him. Moreover, the character of men of this family reveal them to be Canaanites:

Got'oniel, Avod, Barak, Gideon, Abimelek, T'ola, Yayir, Ep't'ayi, Esebon, Elon, Labdon, Samson, Heli, Samuel, Saul, David, and his descendants.

From the Chaldeans

Arios, Ar'alios, *who is* Amiwr'os, Xerxes, *who is* Baghe'os, Ar'mamit'r'eos, Belok'os, Bale'os, Aghtados, Mamit'os, Mask'agheos, Sp'eros, Mamighos, Sparet'os, Askatade's, Aminte's, Belok'os, Baghotor'es, Ghampar'ite's, Susar'is, Ghampar'is, Pannias, Sosar'mos, Mit'r'eos, Tewtamos, Tewte'os, T'inews, Der'kiwghos, Ewpaghmos, Ghawost'enis, Per'itiade's, Op'r'atios, P'r'atinis, Akr'azanis, Sardanapalus.

BOOK I

Հայոց

Արայեան Արայ։ Սա մերոյն Արայի որդի, Արայ ի Շամիրամայ կոչեցեալ, և զգործ վերակացութեան աշխարհիս նմա հաւատացեալ։ Իսկ նորա՝ Անուշաւան, Պարէտ, Արբակ, Զաւան, Փառնակ, Սուր։ Առ սովաւ Յեսու որդի Նաւեայ, Հաւանակ, Վաշտակ, Հայկակ։ Զսմանէ ասեն լինել առ Բելոքոսիւ և ամբոխս իմն արարեալ անխորհուրդս և մեռանել ի նմին։ Ամպակ, Առնակ, Շաւարշ, Նորայր, Վստամկար, Գոռակ, Հրանտ, Ընձաք, Գղակ, Հաւրոյ, Զարմայր։ Սա աւգնական Պրիամու ի Տևտամայ առաքեալ ընդ եթովպացի զաւրուն՝ մեռանի ի քաջացն Հելլենացւոց, Պերճ, Արբուն, Բազուկ, Հոյ, Յուսակ, Կայպակ, Սկայորդի։

MOVSES OF XOREN'S HISTORY

From the Armenians

Ara, *son* of Ara (he is the son of our Ara, called Ara by Shamiram; she entrusted him with the overseership of our land). From him *descend*: Anushawan, Pare't, Arbak, Zawan, P'ar'nak, Sur (in his time lived Joshua son of Naw), Hawanak, Vashtak, Haykak (they say about him that he lived in the time of Belok'os and that he caused senseless riots and died in them), Ampak, Ar'nak, Shawarsh, Norayr, Vstamkar, Gor'ak, Hrant, E"ndzak', Glak, Ho'roy, Zarmayr (he was sent by Tewtamos to help Priam with the Ethiopian army and was killed by the braves of the Hellenes), Perch, Arbun, Bazuk, Hoy, Yusak, Kaypak, Skayordi.

ԻԱ

Վասն Արայեանն Արայի, և եթէ սորա որդի Անուշաւան Սաւսանուէր:

Այլ անդէն իսկ ի կենդանութեան իւրում Շամիրամ զծնեալն ի Նուարդայ ի սիրելի կնոջէն Արայի, որ էր երկոտասան ամաց մնացեալ ի մահուանն Արայի, վասն առաջին իւրոց խանդաղատանացն որ առ Արայն գեղեցիկ՝ կոչէ զանուն նորա Արայ, և կարգէ զնա ի վերակացութիւն աշխարհիս, մտերմութեամբ հաւատացեալ ի նա. զորմէ և մեռանել ասեն ընդ Շամիրամայ ի պատերազմին:

Բայց յարէ զկարգ բանից զկնի այսորիկ աւրինակ զայս: Արայեանն Արայ մեռանի ընդ Շամիրամայ ի պատերազմին, թողլով արու զաւակ ամենահարուստ և շատահանճար յիր և ի բան՝ զԱնուշաւանն Սաւսանուէր:

Քանզի ձաւնեալ էր ըստ պաշտամանց ի սաւսիսն Արամանեկայ որ յԱրմաւիր. զորոց զսաղարթուցն սաւսաւիւն, ըստ հանդարտ և կամ սաստիկ շնչելոյ աւդոյն, և թէ ուստի շարժումն՝ սովորեցան ի հմայս յաշխարհիս Հայկազնաց, և այս ցբազում ժամանակս:

Այս Անուշաւան բաւական ժամանակս արհամարհութիւն կրեալ ի Զամեսեայ՝ տուայտի ի դրանն արքունի. իսկ աւգնեալ ի բարեկամաց՝ շահի զմասն ինչ աշխարհիս, հարկահանութեամբ խնամել, զկնի ապա և զբոլորս: Այլ կարի շատ լինի, եթէ զամենայն որ ինչ արժանն իցէ՝ ասիցեմք ի ճառիս զնախակարգելոց արանց զբանս և զգործս:

21

About Ara, the *son* of Ara, and his son Anushawan Sawsanue'r.

Ara had fathered a son from his beloved wife, Nuard, during Shamiram's lifetime, a boy who was twelve years old at the time of Ara's death. Shamiram named him Ara after her earlier infatuation for Ara the Handsome. She set him up as overseer of our land, having full confidence in him. *Some* say that *this Ara also* died in a war with Shamiram.

But *Mar Abas Catina* narrates affairs after this as follows: Ara *son* of Ara, died in the war with Shamiram, leaving a male child who was exceedingly accomplished and gifted in word and deed. *This child* was named Anushawan So'sanue'r.

He was so called because he had been dedicated to the worship of the sos[25] at *the grove of* Aramaneak in Armawir. The rustling of their leaves and the direction of their movement at the gentler or stronger blowing of the wind was used for divination in the land of the Armenians, *a practice which* went on for a long time.

This Anushawan, who had endured Zames' *Ninuas'* contempt for a long time, was embittered at the royal court. But helped by friends, he gained control over part of the land, accumulated money through taxation, and later *gained control* over the whole land. However, it would be far too much if we were to repeat in this account everything worthwhile in the words and deeds of the men mentioned above.

---

25 *sos:* poplar (or a type of planatus) tree.

ԻԲ

Որ ի Սկայորդւոյն Պառոյր՝ առաջին ի Հայս թագաւորէ. աւգնական լինի Վարբակայ Մարի, բառնալով զթագաւորութիւնն ի Սարդանապալլայ։

Թողլով զոչ կարեւորագոյնսն ի բանից՝ ասասցուք որ ինչ հարկաւորն է։ Վերջին սոցա, որք առ Ասորեստանեայց թագաւորութեամբն և որք ի Շամիրամայ և կամ թէ ի Նինոսէ՝ զմերս ասեմ Պարոյր առ Սարդանապալլաւ, որ ոչ փոքր ինչ աւգնականութիւն տուեալ գտանի Վարբակայ Մարի, բառնալով զթագաւորութիւնն ի Սարդանապալլայ։

Եւ այժմ ահա զուարճացայց, ոչ փոքր ինչ կրելով խնդութիւն, հասանելով ի տեղիս, յորում մերոյ իսկ բնիկ նախնւոյն սերունդք ի թագաւորութեան հասանեն յաստիճան։ Վասն որոյ արժան է մեզ աստանաւր մեծ գործ կատարել, և բազումս ասել առարկութիւնս ճառից. զորոց մեզէն իսկ զհիմունս այսպիսեաց բանից ընթեռնուլ արժանաւորեցաք ի չորս հագներգութիւնս, զարգասաւորին ի բանս և զիմաստնոյն իսկ և ի մէջ իմաստնոց իմաստնագունին։

Քանզի Վարբակէս գաւառաւ մեդացի, ի փոքունց կողմանց ի ծագաց գաւառին ամրագունի, խորամանկագոյն ի կենցաղավարութեան և ի մարտս երեսաւոր, ծանուցեալ զանմարդի բարս և զհեշտասէր թուլամորթութիւն յուլութեան Թոնոյն Կոնկոզեռայ՝ խտացուցանէ բարուցն և ձեռացն առատութեամբ ի քաջաց և ի պիտանեաց արանց բարեկամս, որովք և աշխարհակալութիւնն Ասորեստանի առ այնու ժամանակաւ վարիւր յայտնապէս մեծաւ հաստատութեամբ։ Ցինքն և զքաջն մեր նախարար յանդուցանէ զՊարոյր, թագաւորութեան շուք և ձև նմա խոստանալով։ Եւ բազում ամբոխս արի արանց, և որք ի տէգ նիզակի և յաղեղն և ի սուսեր աջողաձեռնագոյն՝ գումարէ. և այսպէս զթագաւորութիւնն ի Սարդանապալլայ յինքն առեալ՝ տիրէ Ասորեստանի և Նինուէի։

22

Paruyr, son of Skyordi, becomes the first king among the Armenians; he helps the Mede Varbak to take possession of *the Median* kingdom from Sardanapalus.

Leaving out of our narration *material* which is least important, let us discuss the most important. I will name our Paruyr as the last of those *rulers* who lived under Assyrian domination, from *the time of* Shamiram or Ninus. *Paruyr lived during the time of* Sardanapalus, and *Paruyr* provided considerable assistance to the Mede Varbak in wresting the kingdom from Sardanapalus.

At this point, I will rejoice with no small delight, since I have reached the point *in my "History"* when the descendants of our original ancestor reached the level of *having* kingship. Therefore, it is right for us now to make great efforts here and to present a lot of information. As the basis for such information we considered it worthwhile that we ourselves should read the four sections of that eloquent and wise man, indeed the wisest of wise men.

Varbake's the Mede, who hailed from the most remote part of that inaccessible district, was very cunning in his conduct and renowned in battle. *Varbake's*, being aware of the unmanly lifestyle and pleasure-loving softness and sloth of T'on Konkogher'os,[26] through his generosity and liberality gained friends among the warriors and noteworthy men by whom the Assyrian empire at that time was being governed with great and evident stability. He attracted to himself our valiant lord Paroyr, promising him the splendor and attributes of kingship. In addition, he assembled many groups of brave men who were expert with the lance, bow, and sword. Thus he seized the kingdom for himself from Sardanapalus and ruled over Assyria and Nineveh. However *after this*, leaving others as governors for Assyria, he transferred the *seat of the* kingdom to Media.

---

26 Sardanapalus.

BOOK I

Բայց վերակացու զայլս թողլով Ասորեստանի՝ փոխէ զթագաւորութիւնն ի Մարս։ Այլ այս եթէ առ այլս այլազգաբար պատմի՝ մի՛ ինչ սքանչանար։ Զի որպէս վերագոյն ուրեմն յառաջին ճառսն ամբաստանեցաք զառաջնոցն մերոցն նախնեացն անիմաստասէր բարուց և ախորժակաց՝ այս հանդիպի և աստանաւր։ Քանզի և որք ի հաւրէն Նաբուգոդոնոսորայ գործք՝ գրեցան յիւրեանց յիշողութեանցն վերակացուաց. իսկ մերոցն, ոչ այսպիսի ինչ խորհեցելոցն, մնացին նշանակեալ ի վերջինսն։ Ապա եթէ ասիցես, ուստի՞ մեզ և զնախնեացն մերոց գիտել զանուանս այսպէս, իսկ զբազմաց և զգործս՝ ասեմ. ի հրնոցն դիւանաց Քաղդէացւոց, Ասորեստանեայց և Պարսից, վասն մտելոց անուանց և գործոց նոցա ի քարտէս արքունի, իբրև գործակալաց և վերակացուաց աշխարհիս ի նոցանէ կացելոց և մեծաց կողմնակալաց։

Now should others narrate this differently, do not be surprised. For as we observed above, in an earlier section the blame for *the lack of this information* was due to the unscholarly dispositions of our first ancestors. Here, too *in describing later times*, the same *situation obtains.* While the deeds of the father of Nebuchadnezzar were written down by those who supervised *writing* their *Assyrian* memorials, *here, in Armenia* since our own people did not think to do such a thing, *only* in recent times have *the deeds of the noteworthy* been recorded. So if you ask: "From what *sources* did we learn the names of our ancestors and the deeds of many of them?" I reply: "From the ancient archives of the Chaldeans, Assyrians, and Persians, since their names and deeds were entered by the court secretary *on deeds* listing them as appointees over our land, as overseers and great governors."

ԻԳ

Կարգ թագաւորաց մերոց և համար ճոցունց որդի ի հաւրէ առնլով։

Արդ՝ այժմ անցից ի թիւ մերոց արանց, մանաւանդ թէ թագաւորաց, մինչև ցտէրութիւնն Պարթևաց։ Քանզի ինձ այսոքիկ արք ի մերոց թագաւորաց են սիրելիք, որպէս բընիկք և իմոյ արեանառուք և հաւաստի հարազատք։ Եւ սիրելի էր ինձ՝ յայնժամ գալ Փրկչին և զիս գնել, և առ նոքաւք յաշխարհ զմուտն իմ լինել, և նոցա տէրութեամբն խրախճանալ, և յարդեացս ապրել վտանգիցս։ Այլ վաղ ուրեմն փախեաւ ի մէնջ պատահումնն այն, թէ արդեաւք և վիճակ։ Բայց արդ ես առ աւտարաց թագաւորութեամբն կացեալ՝ ընդ նոցայն զմերս ազգի ածից զկարգ թագաւորացն, զի մերոյ աշխարհիս բնիկք պսակաւորք արք այնոքիկ, զորոց զանուանսն ի ներքոյ դրոշմեսցուք։

Եւ զի արդարև զայնու ժամանակաւ էր ազգիս մերոյ թագաւորութիւն՝ վկայէ և Երեմիա մարգարէ ի բանս իւր, հրաւիրելով ընդդէմ Բաբելոնի ի պատերազմ. Հրաման տուր, ասէ, Այրարատեան թագաւորութեանն և Ասքանազեան գնդին։ Եւ այս հաւաստի գոլոյ մերոյ թագաւորութեանն առ այնու ժամանակաւ։ Այլ մեք զկարգն կանովնելով, առընթեր և զՄարաց թագաւորսն։

ՄԱՐԱՑ ԱՌԱՋԻՆ.

Վարբակէս, Մաւդակիս, Սաւսարմոս, Առտիկաս, Դէովկիս, Փռաւորտիս, Կւաքսարէս, Աժդահակ։

ԻՍԿ ՄԵՐ ԱՌԱՋԻՆ Ի ՎԱՐԲԱԿԱՅ ՄԱՐԷ ՊՍԱԿԵԱԼ.

Պարոյր, որդի Սկայորդւոյ, Հրաչեայ։

23

The order of our kings and their number, from father to son.

Now I shall pass on to enumerating our *noteworthy* men, especially those who were kings up to the time of the lordship of the Parthians. For such men among our kings are as dear to me as my very own blood relations and true brothers. I would be happy if the Savior had appeared at that time and redeemed me and I had been born into the world under *the Armenian kings*, to enjoy the pleasures of their rule, avoiding the troubles of our day. But that situation, or even the chance of *obtaining* it escaped us long ago. Now I, who am living during the reign of foreigners, shall set forth the order of the kings of our people next to theirs. The native monarchs of our land were those men whose names we shall record below.

That there truly was a kingdom of our people in that *ancient* period is attested by *a passage in the Biblical book of* the prophet Jeremiah in his words inviting *other peoples* to come to war against Babylon. He said: "Order *to come forth* the kingdom of Ayrarat and the brigade of Ask'anaz",[27] which *passage* authenticates the existence of our kingdom in that period. Now let us present the order of our *kings* alongside *the chronology* of the kings of the Medes.

The First Median *kings*:

Varbake's, Mo'dakis, So'sarmos, Ar'tikas, De'ovkis, P'r'awortis, Kwak'sare's, Azhdahak.

Our first *kings* crowned by Varbake's the Mede:

Paroyr, son of Skayordi, *and* Hrach'eay.

---

27 Jeremiah 51:2.

Սա Հրաչեայ կոչի վասն առաւել պայծառերես և բոցակնագոյն իմն լինելոյ։ Առ սովաւ ասեն կեցեալ զՆաբուգոդոնոսոր արքայ Բաբելացւոց, որ գերեաց զՀրեայս։ Եւ սորա ասեն զմի ի գլխաւորաց Եբրայեցւոցն գերելոց խնդրեալ ի Նաբուգոդոնոսորայ՝ Շամբաթ անուն, ածեալ բընակեցոյց յերկրիս մերում մեծաւ պատուով· և ի սմանէ ասէ պատմագիրն լինել զազգն Բագրատունեաց, և հաւաստի է։ Բայց թէ ո՛րպիսի ջան եղև թագաւորացն մերոց՝ զնոսա ի պաշտաւն կռոցն խոնարհեցուցանել, և կամ թէ քանի՛ք և ո՛յք ոմանք ի նոցանէ որք աստուածպաշտութեամբ վճարեցին զկեանս՝ յետոյ պատմեսցուք ոճով։ Քանզի ասելն ոմանց անհաւաստի մարդոց, ըստ յաւժարութեան և ոչ ըստ ճշմարտութեան, ի Հայկայ զթագադիր ազգդ Բագրատունեաց լինել։ Վասն որոյ ասեմ· մի՛ այսպիսեաց յիմար բանից հաւանիր· զի և ոչ մի շաւիղ կամ ցուցումն գոյ նմանութեան յասացելսդ՝ որ զարդարութիւն ակնարկէ· զի ի բայ բանից և անոճ իմն յաղագս Հայկայ և նմանեացն կակազէ։ Բայց ծանի՛ր, զի Սմբատ անուն, զոր յաճախ Բագրատունիք ի վերայ պատանեաց կոչեն՝ ճշմարտութեամբ Շամբաթ է, ըստ նախնի իւրեանց խաւսիցն, որ է եբրայեցի։»

Փառնաւազ, Պաճոյճ, Կոռնակ, Փառոս, Միւս Հայկակ, Երուանդ սակաւակեաց, Տիգրան։

Քանզի և զվերջին Երուանդ և զՏիգրան ի սոցանէ ըստ յուսոյ կոչեցեալ ասեմ արդեաւք· ոչ կարի հեռագոյն գոլով ժամանակին, յիշեաց ոք զանուանս զայսոսիկ։

(This Hrach'eay was so named because of his very radiant face and fiery eyes. They say that in his day lived Nebuchadnezzar, king of the Babylonians, who took the Jews captive. They say that *Hrach'eay* requested from Nechuchadnezzar one of the chiefs of the Hebrew captives, named Shambat, who was brought and settled in our country with great honor. It is from him, historians say, that the Bagratuni clan descends. And that is the truth. Later we shall relate in detail what efforts our kings made to make them submit to idol worship, and about how many of them, and who they were that paid with their lives for worshipping God. For some unreliable men say, willfully and not truthfully, that it was from Hayk that your Bagratuni clan, *clan of* the coronants, descended. Therefore I say, "Do not believe such foolish words since there is no trace or sign of reality or verisimilitude in them. For these are disordered babblings and nonsensical words about Hayk and his kind. But know that this name Smbat, which the Bagratunik' often give to their children, is in truth Shambat' in their original language, Hebrew.")

P'ar'navaz, Pachoych, Kor'nak, P'ar'os, the other Haykak, Eruand the short-lived, Tigran.

I believe that the later Eruand and Tigran were named after these *people in the list*, in the hope *of resembling them*; the time was not very distant, and someone remembered these names.

ԻԴ

Յաղագս որդւոց Սենեքերիմայ, և թէ Արծրունիք և Գնունիք և բդեաշխն անուանեալ Աղձնեաց՝ ի նոցանէ են սերեալք. և ի նոյն ճառի՝ եթէ Անգեղ տունն ի Պասքամայ։

Այլ յառաջ քան զձեռնարկելն մեր ի բանսն որ յաղագս մեծին Տիգրանայ, որ իններորդ ի բնկաց մերոց պսակաւորաց էր, հուժկու, անուանի և յաղթող ընդ այլ աշխարհակալս՝ ճառեսցուք որ ինչ կարևորագոյնն է ոճոյ բանիս։ Եւ ի մոռացումն եկն արդեաւք յաղագս Սենեքերիմայ. քանզի ուժսուն, աւելի կամ պակաս, ամաւք յառաջ քան զթագաւորութիւնն Նաբուգոդոնոսորայ էր Սենեքերիմս կացեալ արքայ Ասորեստանի. որ զԵրուսաղէմ պաշարեաց առ Եզեկիայիւ։ Հրէից առաջնորդաւ. զոր սպանեալ որդւոց նորա Ադրամելեքայ և Սանասարայ՝ եղին փախստական առ մեզ։

Յորոց զմինն յարևմտից հարաւոյ աշխարհիս մերոյ, մերձ ի սահմանս նորին Ասորեստանի, բնակեցուցանէ Սկայորդին մեր քաջ նախնին, այս ինքն է զՍանասարն. և ի սմանէ աճումն և բազմասերութիւն լեալ՝ լցին զՍիմն ասացեալ լեառն։ Իսկ պերճքն և գլխաւորքն ի նոցանէ յետոյ ուրեմն մտերմութիւն վաստակոց առ թագաւորսն մեր ցուցեալ՝ զբդեշխութիւն կողմանցն արժանաւորեցան առնուլ։ Իսկ Ադրամոզանն յարևելից հարաւոյ նորին կողմանն բնակեալ. ի սմանէ ասէ պատմագիրն լինել զԱրծրունիս և զԳնունիս։ Արդ՝ յիշելոյն մեր զՍենեքերիմ այս էր պատճառն։

Բայց զԱնգեղ տունն ասէ նոյն պատմագիր ի Պասքամայ ումեմնէ ի Հայկայ թոռնէ լինել։

24

About the sons of Senek'erim, from whom are descended the Artsruni and Gnuni houses, and the house of the one called the bidaxš of Aghdznik'; and, in the same chapter, that the house of Angegh descends from Pask'am.

Before we undertake our account of Tigran the Great—a robust, renowned, and triumphant figure among world rulers, who was the ninth of our crowned native *kings*—let us mention what is most important for the coherence of our narration. We have forgotten to mention Senek'erim. Senek'erim had become king of Assyria some 80 years or so years before the reign of Nebuchadnezzar. *It was king* Senek'erim who had besieged Jerusalem in the time of Hezekiah, the leader of the Jews. But *Senek'erim's* sons, Adramelek' and Sanasar, killed him and fled to us.

Skayordi, our brave ancestor, settled one of them in the southwestern *part* of our land, near the border of the same Assyria. This *brother* was Sanasar, and his descendants grew and multiplied and filled the mountain called Sim. Subsequently, the grandest and chiefs among them, having displayed some significant merit toward our king, were deemed worthy of receiving the *position* of border lordship of those areas. As for *the other brother,* Ardamozan, he inhabited *land* to the southeast of the same area, and from him, says the historian *Mar Abas Catina*, descend the Artsruni and Gnuni. This is the reason for our recalling Senek'erim.

The same historian says that the House of Angegh descends from a certain Pask'am, grandson of Hayk.

ԻԵ

Յաղագս Տիգրանայ, թէ ո՛րպիսի ամենայնիւ։

Բայց անցցուք այսուհետև որ ինչ յաղագս Տիգրանայ և որ ի նմանէ գործք։ Քանզի սա ամենեցունց թագաւորացն մերոց հարստագոյն և խոհեմագոյն, և արանցն այնոցիկ և ամենեցուն քաջ։ Որ և Կիւրոսի աջակցեալ, զՄարացն ի բաց բառնալով զիշխանութիւնն, և զՅոյնս ոչ սակաւ ժամանակս ընդ իւրեաւ նուաճեալ հնազանդէր։ Եւ զսահմանս մերոյ բնակութեանս ընդարձակեալ՝ ի հինսն մեր հասուցանէր յեզերս ծայրից բնակութեան, և ամենեցունց որ առ իւրովքն էին ժամանակաւք՝ նախանձելի, և զկենացս ըղձալի ինքն և ժամանակ իւր։

Զի ո՞ ոք ի ճշմարիտ արանց, և որոց ի բարս արութեան և խոհականութեան սիրելութիւն կայցէ, սորա յիշատակաւքն ոչ զուարճասցի, և յորդորեսցի այսպիսի այր լինել։ Արանց կացեալ գլուխ և արութիւն ցուցեալ՝ զազգս մեր բարձրացոյց, և զընդ լծով կացեալսս՝ լծադիրս և հարկապահանջս կացոյց բազմաց. մթերս ոսկւոյ և արծաթոյ և քարանց պատուականաց և զգեստուց և պէս պէս գունից և անկուածոց՝ արանց միանգամայն և կանանց՝ հասարակաց բազմացոյց. որովք տգեղագոյնքն իբրև զգեղաւորս երևէին սքանչելիք, և գեղաւորքն ըստ ժամանակին առ հասարակ դիւցազնացեալք։ Հետևակամարտքն ի վերայ ուսոց ձիոց բերեալք, և պարսաւորքն առ հասարակ դիպաղեղունք, և շերտաւորքն ի սուսեր և ի տէգ նիզակի վառեալք. մերկքն վահանաւք և զգեստուք երկաթեաւք պարածածկեալք։ Որոց ի մի վայր հասելոց բաւական էր տեսիլն միայն, և որ ի նոցայն պահպանակաց և զինուց փայլմունք և շողիւնք՝ զթշնամիսն արտահալածել։ Խաղաղութեան և շինութեան բերող, իւղով և մեղու զամենայն հասակ պարարեալ։

25

Regarding Tigran, and what kind of person he was in everything.

Now let us turn to Tigran and his deeds, for he was the most powerful and intelligent of our kings, who surpassed in valor not only *the other Armenian kings*, but all other **rulers**. He aided Cyrus in overthrowing the lordship of the Medes, and he conquered the Greeks and made them subject to himself for no short period of time. He extended the borders of our habitation and established them at the furthest bounds in antiquity. He roused the envy of all his contemporaries, and his life and times have been yearned for by those who came after him.

Who among true men and those who appreciate deeds of valor and reason would not be gladdened by his memory and aspire to become such a man? Bravely leading men and displaying his valor, he exalted our nation. We, who had been under the yokes *of others*, he put in a position to subject and demand tribute from many *others*. He increased the stores of gold and silver and precious stones, of garments and fabrics of various colors, for both men and women. By such means, the ugliest *people* seemed to be attractive, while the *already* attractive, according to the conceptions of the time, were *made as attractive* as deities. The *former* infantry, *now transformed into cavalry*, was carried on the backs of horses. The slingers were *now* all skilled archers. Those with clubs were *now* armed with swords and lances. *Even* the *previously* unarmed *fighters* were entirely protected by shields and iron armor. Just the sight of them gathered in one place and the gleaming and glinting of their armor and weapons was enough to put the enemy to flight. *Tigran,* the bringer of peace and prosperity, fattened everyone with oil and honey.

Զայս և որ այլ այսպիսիք բազումք, եբեր մերոյ աշխարհիս խարտեաշս այս և աղեբեկ ծայրիւ հերաց Երուանդեանս Տիգրան, երեսաւք գունեան և մեղուակն, անձնեայն և թիկնաւէտն, առոգաբարձն և գեղեցկոտն, պարկեշտն ի կերակուրս և յըմպելիս, և ի խրախճանութիւնս աւրինաւոր. զորմէ ասէին ի հինսն մեր, որք փանդռամբն երգէին, լինել սմա և ի ցանկութիւնս մարմնոյ չափաւոր, մեծիմաստ և պերճաբան, և յամենայն որ ինչ մարդկութեան՝ պիտանի։ Եւ զի՞նչ ինձ ի գիրս յայսոսիկ արդեաւք իցէ բան սիրելի, քան թէ որ յաղագս սորա էին գովեստք և պատմութիւնք յերկարել։ Արդարադատ և հաւասարասէր կշիռս ունելով յամենայնի՝ զամենայն ուրուք զկենցաղ՝ մտացն լծակաւ կշռէր։ Ո՛չ ընդ լաւագոյնսն խանդայր, և ոչ զնուաստսն արհամարհէր, այլ ամենեցուն հասարակաց հնարէր զխնամոցն իւրոց ի վերայ տարածանել զգեստս։

Սա նախ յառաջագոյն դաշնաւոր եղեալ Աժդահակայ, որ ի Մարաց էր, տայ նմա զքոյր իւր Տիգրանուհի կնութեան, ընձիւք խնդրելով զնա Աժդահակայ։ Քանզի ասէր. կա՛մ ի ձեռն այսպիսւոյ մերձաւորութեան սէր հաստատուն առ Տիգրան ունել, կամ դիւրաւ այսպէս դաւաճանել զնա ի սպանումն։ Զի էր նմա խէթ կամաց իւրոց, մարգարէութիւն իմն յոչ կամաց լեալ նմա առաջիկայ դիպուածն իւր։

Benefits like these and many besides were brought to our land by Tigran, son of Eruand. He had light-colored hair that curled at the ends, and he was physically attractive with a fine complexion, a gentle-eyed gaze, broad-shoulders, strong legs and noble feet. *He was also* moderate in eating and drinking at feasts. As our ancients who played the p'andir' would sing, *Tigran* was moderate in the desires of the flesh, wise and eloquent, and endowed with all human virtues. What could be more pleasant for me in this book than to write about the accolades he received and the stories associated with him? Fair and impartial in judging all things, he mentally weighed the way of life of everyone on scales. He did not envy the best, and did not despise the inferior, but strove to spread the cloak of his care equally over all.

Now formerly, *Tigran* was an ally of Azhdahak the Mede and had given his own sister, Tigranuhi, in marriage to him, as *Azhdahak* had greatly desired this. For the latter said *to himself*: either such an alliance will lead to a stable friendship with Tigran, or *if it fails to do this*, it will be easier to eliminate him through assassination. For there was a suspicion *about Tigran* due to some unexpected prophecy about future events.

ԻՁ

Վասն երկիւղի կասկածանացն Աժդահակայ ի միաբանութենէ սիրոյն Կիւրոսի և Տիգրանայ։

Բայց էր նիւթ այսպիսւոյ խոհականութեան դաշնաւորութիւն մտերմութեանն՝ որ ի Կիւրոսէ առ Տիգրան․ յորմէ բազում անգամ և ախտ քնոյ ի բաց փախուցեալ լինէր յԱժդահակայ յիշատակաւս այսուիկ․ և խորհրդակցաց իւրոց անդուլ առնէր հարցումն վասն այսպիսւոյ պատճառի․ «Ո՞րպիսի հնարիւք լուծանել կարասցուք, ասէ, զկապ սիրոյ պարսկայնոյն և հայկազինն բազմաբիւրաւորի։ Եւ յայսպիսում շփոթման խորհրդոց հասանէ նմա առաջիկայիցն յայտնութիւն ի ձեռն անրջականաց իմն նախատեսութեանց, աւրինակաւս այսուիկ, ասէ՝ որ պատմէն։

26

About Azhdahak's fear and doubt over the friendly unity between Cyrus and Tigran.

The cause of such reflections was the warm alliance between Cyrus and Tigran. Because of this *alliance*, sleep fled from Azhdahak whenever he thought of it, and he was constantly asking his counselors about it: "With what stratagems," he asked, "can we break the bonds of friendship between the Persian and the Armenian with his tens of thousands *of troops*?" While *Azhdahak* was troubled with these thoughts he had a vision of the future through a prophetic dream, which *Mar Abas Catina* relates as follows:

ԻԷ

Թէ ո՛րպէս ի խիթի լինելով Աժդահակայ՝ զառաջիկայ իւր դիպուածն տեսանէ սքանչելի երազով:

Էր, ասէ, յաւուրսն յայնոսիկ ոչ սակաւ ինչ վտանգ՝ որ ի Մարացն Աժդահակայ, ի միաբանութենէն Կիւրոսի և Տիգրանայ։ Վասն որոյ և ի սաստկութենէ ծփանաց խորհրդոցն լինէր նմա ի տեսլեան երազոցն երևութանալ ի քուն գիշերոյ, զոր ոչ երբէք յարթնութեան ետես աչաւք, և ոչ ի լուր ականջաց լուաւ։ Ուստի և ընդոստ ի քնոյն լինելով՝ ոչ յամէ ըստ սովորութեան կարգին ի ժամ խորհրդականութեանն. այլ այն ինչ գիշերոյն ժամս ունելով ոչ սակաւս՝ ձայնէ զխորհրդակիցսն. և տրտում երեսաւք յերկիր հայելով ի խորոց սրտին մռնչէ յոգւոցհանութեամբ։ Եւ ի զվասն էրն ի խորհրդակցացն հարցանիլ՝ յերկարէ ժամս ինչ զպատասխանիսն, և ուր ուրեմն հեծութեամբ սկիզբն արարեալ յայտնէ զամենայն, որ ի ծածուկս սրտին խորհուրդ և կասկած, ընդ նմին և զիրս ահագին տեսլեանն։

Էր ինձ, ասէ, ո՛վ սիրելիք, լինել այսաւր յերկրի անծանաւթում, մերձ ի լեառն մի երկար յերկրէ բարձրութեամբ, որոյ գագաթնն սաստկութեամբ սառնամանեաց թուէր պատեալ. և ասէին գոգցես յերկրին Հայկազանց զայս լինել։ Եւ ի նայել իմ յերկարագոյնս ի լեառնն՝ կին ոմն ծիրանազգեստ, երկնագոյն ունելով զիւրեաւ տեռ, նստեալ երևեցաւ ի ծայրի այնպիսւոյ բարձրութեան, աչեղ, բարձրահասակ և կարմրայտ, երկանց ըմբռնեալ ցաւովք։ և ի յերկարագոյնս նայել իմ յայնպիսի երևումն և ի հիացման լինել՝ ծնաւ յանկարծ կինն երիս կատարեալս ի դիւցազանց հասակաւ և բնութեամբ։ Առաջինն զերանս ածեալ ի վերայ առիւծու՝ սլանայր յարևմուտս, և երկրորդն ի վերայ ընձու՝ ի հիւսիսի հայելով. իսկ երրորդն զվիշապ անարի սանձեալ՝ ի մերոյս վերայ շահատակեալ յարձակէր տէրութեանս։

27

How Azhdahak, in his suspicion, saw his future destiny in a marvelous dream.

In those days, he says, the alliance between Cyrus and Tigran posed no small threat to Azhdahak. *Because of the threat and from the disturbed state of his mind, a vision appeared to him at night, such as he had never seen with his eyes or heard with his ears while awake. Waking up suddenly, he did not wait for the hour of the meeting according to established custom. Rather, he summoned his counselors* at once, *even though there were still several hours of night remaining. With a sad face and downcast gaze, he sighed from the depths of his heart. When the counselors asked him why that was, he delayed his response for some hours. Finally, with a groan,* Azhdahak *began to reveal all that had been hidden in his heart—thoughts and doubts and also the details of the frightening vision.*

"O dear ones, it happened to me today that I found myself in an unfamiliar land, near a mountain that rose high above the earth and whose peak seemed to be covered with thick ice. One might have said that this was the country of the Armenians. As I gazed for a long time at the mountain, some woman dressed in purple and with a veil the color of the sky appeared seated atop its crest. Her eyes were lovely, she was tall, with red cheeks, and she was seized with pains of labor. As I looked for a long time in astonishment at this sight, the woman suddenly gave birth to three heroes, fully grown in height and nature. The first of them jumped on a lion and rushed to the west; the second—on a leopard—headed north; the third, having bridled a monstrous dragon, swiftly attacked our realm.

BOOK I

Եւ ի մէջ խառնից այսպիսեաց երազոց, թուէր ինձ կալ ի վերայ տանեաց իմոց արքունեացս, և զնոյն ինքն վերին երեսս յարկացս տեսանել գեղեցկաւք և բազմագունիւք զարդարեալ շատրուանաւք, և զպսակողսն մեր զդիսն հրաշատեսիկ տեսլեամբ ի վերայ կացեալս. և զիս ձեաւք հանդերձ պատուել զնոսա զոհիւք և խնկովք: Եւ յանկարծ ի վեր նայեցեալ, զայն որ ի վերայ վիշապին հեծեալ էր այր, արծուոյ իմն արդարև սլացեալ թևովք տեսի յարձակեալ. որ մաւտ հասեալ՝ խորհէր կործանել զդիսն: Իսկ ես Աժդահակ խտրոց ընդ մէջ անկեալ՝ յիս զայնպիսի ընկալայ զյարձակումն, մարտ ընդ սքանչելւոյն առնելով դիւցազինն: Եւ նախ ի տէգ նիզակաց զմարմինս երկաքանչիւրոցս յաւշելով, վտակս արեան ի վայր հոսեցուցաք, և զարեգակնատես երեսս ապարանիցս արեան հոսեալ ցուցաք ծով: Այսպէս և զկնի այլովք զինուք ժամս ոչ սակաւս:

Բայց զի՞նչ աւգուտ ինձ և խաւսիցս երկարութիւն. զի վախճան գործոյն՝ իմն էր կործանումն. ուստի և ի քրտան սաստկութեան յայսպիսւոյ եղեալ տագնապէ՝ փախեաւ յինէն քունն, և այսուհետև ոչ թուիմ կենդանի: Զի ոչ այլ ինչ նշանակէ երևութիցս շարժումն, եթէ ոչ որ ի Հայկազնեանն Տիգրանայ հասանելոց է մեզ բռնութեան յարձակումն: Բայց ո՞վ արդեաւք, յետ աստուածոցն աւգնականութեան, բանիւ և գործով մեզ աւգուտ խորհելով, ոչ զինքըն կարծիցէ թագաւորակից մեր լինել:

Եւ բազում ինչ ի խորհրդակցացն լուեալ աւգտութեան մտածութիւն՝ շնորհակալութեամբ պատուէ զնոսա:

"In the midst of such confused dreams it seemed to me that I was standing on the roof of my royal palace. I observed that the surface was adorned with beautiful tents of many colors. The gods who crowned me were present in a wonderful spectacle, and I, along with you, was honoring them with sacrifices and incense. Suddenly I looked up and saw the man who was riding the dragon, which flew as though with eagle's wings, bearing down *on us*. He was already close by, intending to destroy the gods. But I, Azhdahak, throwing myself between them, received this attack upon myself and came to grips with the fantastic hero. First we both struck each other's bodies with the tips of our spears, causing streams of blood to flow. We turned the roof of the palace, which shone like the sun, into a sea of blood. Thus, and later with other arms, we fought for not a few hours.

"But what good is it to me to prolong this speech? For the matter ended with my destruction. *The vision* put me into a great sweat and sleep fled from me. After that, *from fear* I did not seem to be alive. The activity in these visions signifies nothing but that Tigran the Armenian is about to descend upon us with a violent assault. But who indeed, after the aid of the gods, by pondering how to benefit us in word and deed, would not think himself worthy to become our fellow king?"

And having heard many beneficial thoughts from his advisers, he honored them with gratitude.

ԻԸ

Յաղագս որ ի խորհրդակցացն բան. զկնի ապա և որ ինչ իւր մտածութիւն, և նոյնևետայն գործն։

Բազում ինչ հանճարով և իմաստութեամբ ի ձէնջ լուեալ, աստ, ո՛վ սիրելիք, ասացից և որ ինչ իմ յետ աստուածոցն աւգնականութեան յայտոսիկ աւգտակարագոյն բան և մըտածութիւն։ Քանզի ոչ ինչ առ թշնամեացն զգուշութիւն վեհագոյն բերէ աւգնականութիւն, և ծանաւթութիւն նոցայցն առաջի արկելոց գործոց՝ քան թէ որ ի ձեռն սիրով դաւելոյն զկորուստ խորհեսցի։ Եւ զայս դարձեալ ոչ ի ձեռն գանձուց, և ոչ ի ձեռն բանից պատրողաց այժմ մեզ հնարաւորութիւն է կատարել, եթէ ոչ որպէս կամք են ինձ այժմ գործել։ Եւ այն է նիւթ կատարման խորհրդոյս և հնարք որոգայթիցս, գեղեցիկն ի կանայս և խոհեմն, քոյր նորա Տիգրանուհի։ Զի այսպիսիքս իսկ արտաքուստ և եկամուտ հարազատութիւնք համարձակ զդաւելն ի ձեռն երթևեկութեան անյայտաբար ընդարձակ մարթեցուցանիցեն վարժել. կամ յանկարծաւրէն իւրոց մտերմաց, ընչիւք և խոստմամբ պատուոց, տալ հրաման խողխողել սրով և կամ հնարիւք դեղոց, և կամ զմտերիմս նորա և զկուսակալս գանձիւք ի նմանէ ի բաց մերկանալ, և այսպէս իբրև զանզաւր տղայ ի բուռն առցուք։

Եւ ազդող համարեալ բարեկամացն զայսպիսի խորհուրդ՝ նիւթեն և զգործն։ Ի ձեռն միոյ ուրումն ի խորհրդակցացն տուեալ բազմութիւն գանձուց՝ ի ձեռն թղթոյ, աւրինակաւս այսուիկ, յուղարկէ.

28

About the advice of his advisors, his own thoughts, and the course of action he once took.

"My dear ones, having heard many thoughtful and wise words from you, I will now tell you which of them, with the help of the gods, I consider to be the most useful advice. For nothing brings greater advantage, when one is taking precautions against enemies and wants to know their plans, than for someone through the pretense of friendship to plot their destruction. Moreover, we can accomplish this now, not through money or deceitful words, but only in the way that I have decided to act. The executrix of my plan, and the bait for the trap, will be his sister Tigranuhi, the most beautiful and intelligent among women. We could conduct quite a large conspiracy and operate freely and unseen, due to her many connections with the outside and the goings and comings of kinfolk. *As examples,* we might on some opportune occasion, by means of gifts and the promise of honors, get one of *Tigran's* friends to slay him with the sword or poison him; or, through bribes, *we might* strip him of his intimates and lieutenants, and thus get our hands on him as though he were a powerless child."

Azhdahak's friends considered such a plan to be effective, and set to work on its implementation. To one of his advisors *Azhdahak* gave a large amount of treasure and sent him off with a letter having the following contents:

ԻԹ

Թուղթ Աժդահակայ. յետ որոյ և յաւժարութիւն Տիգրանայ, յուղարկումն Տիգրանուհեայ ի Մարս։

Գիտէ սիրելի եղբայրութիւնդ քո, ոչ ինչ աւգտակարագոյն ի կեանս աշխարհիս ի դիցն մեզ պարգևեալ քան զսիրելեաց բազմութիւն, և այս՝ իմաստնոց արդեաւք և հզաւրագունից. զի այսպէս և արտաքուստ ոչ ի վերայ համարձակին խռովութիւնք, և եկեալքն փաղփաղակի հերհին.իսկ ի ներքս ոչ զմուտն յումեքէ գտեալ այսպիսւոյ չարութեան՝ հալածեալ լինին։ Արդ՝ զայսպիսի շահ աւգտութեան, որ ի բարեկամութենէ լինի, տեսանելով՝ խորհեցայ ես հաստատուն և խորագոյն զպէրն որ ի միջի մերում է, հաստատել. զի երկոքեան յամենայն կողմանց ամրացեալք՝ ողջ և անշարժ զտէրութիւն մեր կալցուք։ Եւ այս լինի ի տալն քում զաւրիորդդ Հայոց մեծաց, զքոյր քո Տիգրանուհի, ինձ կնութեան. թէ արդեաւք և բարի համարեսցիս դմա, զի թագուհեաց թագուհի լիցի։ Ողջ լեր, թագակից մեր և սիրելի եղբայր։

Եւ առանց յերկարելոյ զբանս ասացից։ Գայ առաքեալն և կատարէ յաղագս աւրիորդին գեղեցկի. զի յանձն առեալ Տիգրանայ՝ տայ զքոյր իւր Տիգրանուհի Աժդահակայ կնութեան։ Եւ չև ևս գիտելով զառ ի նմանէ դաւաճանութիւնն՝ յուղարկէ զքոյր իւր որպէս աւրէն է թագաւորաց։ Զոր առեալ Աժդահակայ, ոչ միայն վասն նենգին որ ի սրտի իւրում, այլ և վասն գեղեցկութեանն, առաջին իւրոց կանանցն կարգէ և զչարութիւնն ի ներքոյ ուստայն հինու։

29

Azhdahak's letter, followed by Tigran's acceptance and Tigranuhi's journey to Media.

You, my dear brother, know that the gods have bestowed upon us nothing more useful in our worldly lives than *the gift of having* a great number of friends, and especially really wise and powerful ones. For then there are no hostile encroachments from the outside to disturb us, and if *problems* do arise they are quickly suppressed. Now, seeing that such a beneficial situation derives from friendship, I have thought to further strengthen and deepen the love which exists between us. Then we may both be secure on every side and also keep our empires strong and unshakable. And this will happen if you give me in marriage the princess of Greater Armenia, your sister, Tigranuhi—if indeed you consider it a good thing for her to become queen of queens *of Media*. Be well our fellow sovereign and beloved brother.

Without lengthening the narration, let me say that the envoy arrived and made arrangements for *the marriage of* the beautiful princess, since Tigran had consented to give his sister, Tigranuhi, in marriage to Azhdahak. Not knowing of the plot, he sent off his sister according to royal custom. And Azhdahak received her, not only because of the deceit in his heart, but because of her beauty, and made her first among his women, *all the while* weaving an evil web in the background.

Լ

Եթէ ո՛րպէս յայտնեցաւ նենգութիւնն և գրգռեցաւ մարտն. յորում և մահն Աժդահակայ:

Զկնի այսորիկ ասէ, թէ ի հաստատել Աժդահակայ զՏիգրանուհի ի տիկնութիւն, ոչ ինչ առանց կամաց նորա ի թագաւորութեան իւրում գործէր. այլ բերանով նորա կարգէր զամենայն, և հրամանի նորա ամենեցուն հնազանդ լինել հրամայէր: Եւ յաւրինեալ զայս այսպէս՝ սկսանի նմա մեղմով պատրանս մատուցանել. «Ոչ գիտես, ասէ, եթէ եղբայր քո Տիգրան խանդացաւ զտիկնութիւնդ քո ի վերայ Արեաց, ի կնոջէ իւրմէ ի Զարուհեայ գրգռեալ: Եւ զի՞նչ լինիցի այն, եթէ ոչ նախ ինձ մեռանել, և ապա լինել զԶարուհի ի վերայ Արեաց և զաստուածուհեաց ունել զտեղի: Բայց արդ՝ ընտրելի է քեզ զմի յայսցանէ. կա՛մ լինել եղբայրասէր, և կործանումն խայտառակելի յանդիման Արեաց յանձն առնուլ, և կամ զանձին իմանալով զբարի՝ խորհուրդ աւգտակար ի մէջ բերել և յաղագս առաջիկայիցն հոգալ:

Բայց էր ի մէջ այսպիսւոյ խորամանկութեան թագուցեալ և զմեռանելն Տիգրանուհեայ, եթէ ոչ ինչ ըստ կամաց խորհիցի մարապարսացւոյն: Այլ իմացեալ խորագիտոյ գեղեցկին զայսպիսի դաւաճանութիւն՝ պատասխանի առնէ սիրոյ բանս Աժդահակայ, և արագագոյն ի ձեռն մտերմաց պատմէ եղբաւրն զնենգութիւնն:

Եւ ձեռնարկէ այնուհետև ի գործն ի ձեռն պատգամաւորութեան, գալ նոցա ի տեսութիւն միաբանութեան ի տեղի միջոց սահմանաց երկոցունց թագաւորութեանցն. իբր բան ինչ և գործ հարկաւոր հասեալ, որ ի ձեռն գրոյ և հրեշտակութեան կատարել ոչ է կարողութիւն, եթէ ոչ և դէմք երկոցունց հանդէպ լինիցին:

30

How the treachery was revealed, and how the war in which Azhdahak himself perished was provoked.

After this *Mar Abas Catina* says that once Azhdahak had established Tigranuhi as queen, he did nothing without her consent in his kingdom. Indeed, at her word he regulated everything and ordered everyone to obey her. Having thus arranged everything, he gradually began to ply her with dishonest statements. "You do not know it, but your brother Tigran, incited by his wife Zaruhi, is envious of your authority over the Aryans. And what will be the result of this, if I do not first die and then Zaruhi reigns over the Aryans and occupies that place among the goddesses? Now you have a choice: either remain friendly with your brother and accept disgraceful ruin in the eyes of the Aryans, or, for your own good, contribute some useful advice and take heed for the future."

Concealed within such cunning was the threat of Tigranuhi's *own* death if she should think of anything contrary to the wishes of the Medo-Persian. But the perceptive and beautiful *Tigranuhi* discerned this treachery and replied to Azhdahak in loving words, and quickly informed her brother of the treachery through her intimates.

After that, *Azhdahak* set to work *on his trap, suggesting to Tigran* through an embassy that they should meet somewhere on the border of the two realms for mutual discussions, as if some pressing matter or business had arisen that could not be handled by means of a letter or an exchange of messengers but only if the two met face to face.

BOOK I

Այլ գիտելով Տիգրանայ զառաքելոյ իւրին կատարումն՝ ոչ ինչ յորոց խորհէրն Աժդահակ՝ ծածկէ, այլ ի ձեռն գրոյ յայտնէ որ ինչ ի նորայն խորութեան սրտի։ Եւ յայտնեալ այսպիսւոյ չարութեան՝ ոչ ինչ էր այնուհետև բան և խորամանկութիւն, որ զայսպիսիս առագաստէր զչարութիւն. այլ յայտնի այնուհետև գրգռէր խազմն։

Եւ ժողովէ արքայն Հայոց ի սահմանացն Կապադովկացւոց, և որչափ ընտիրք Վրաց և Աղուանից, և զամենայն ընտիրս Հայոց Մեծաց և Փոքունց։ Եւ խաղայ ամենայն զաւրութեամբ իւրով զկողմամբք Մեդացւոց։ Վըտանգ այնուհետև հարկ առնէ Աժդահակայ՝ պատահել պատերազմաւ հայկազինն ոչ փոքր ինչ ամբոխիւ։ Եւ երկայնէր հակառակութիւնն մինչև յամիսս հինգ. քանզի հիւանդանայր գործն արագ և առողջ, յորժամ զմտաւ ածէր Տիգրան յաղագս քեռն իւրոյ սիրելւոյ։ Զի այսպէս իմն զելս իրացն հնարէր յարդարել, զի ապրելոյ ճար լիցի Տիգրանուհեայ։ Պատահէ և այս, և ժամ մարտին մերձենայ։

Բայց զովեմ զքաջ նահատակն իմ զնիզակաւորն և զամենևին բոլոր անդամովք համեմատն և ի գեղեցկութիւն հասակի աւարտեալ. քանզի առոյգ, ամենայնիւ ըստ իրեարս պատշաճեալ, և ուժով ոչ զոք ունելով իւր զոյգ։ Եւ զի՞ երկայնեմ զբանս. քանզի ի լինել մարտին նիզակաւ աւրինակ իմն որպէս զջուր հերձեալ զերկաթի ամուր հանդերձն՝ շամփրէ զԱժդահակ յընդարձակ տէգ նիզակին, և յամփոփել միւսանգամ զձեռնն՝ արտաքս զկէս մասն թոքոցն հանդերձ զինուն ի դուրս բերէ։ Բայց մարտն էր սքանչելի. զի քաջք դիպեալ քաջաց՝ ոչ վաղվաղակի թիկունս ի միմեանց դարձուցանէին. վասն որոյ յերկարեալ քարշէր գործ պատերազմին մինչև ի ժամս ձիգս։ Իսկ վախճան գործոյն առնէր մահն Աժդահակայ. և այսպիսի դիպուածս ի բարեբախտութիւն յաւելեալ՝ փառս յաճախէր Տիգրանայ։

However Tigran, understanding what the end result of the proposal would be, did not hide the fact that he knew all about Azhdahak's plot. Instead, in a letter *to Azhdahak, Tigran* revealed what was *hidden in* the depths of his heart. And when such evil was exposed, no words or tricks could cover it with a veil. After that, war broke out.

The king of the Armenians assembled *troops* from the territory of the Cappadocians, as well as select *troops* from the Iberians and Aghuans, and all the select troops from Greater and Lesser Armenia. He advanced with this entire multitude to the Median areas. At that point, this danger compelled Azhdahak to muster not a small host to engage the Armenian in battle. However, the conflict was delayed for five *additional* months, because as soon as Tigran recalled his beloved sister, *the idea of* a swift and successful attack faded. He tried to arrange the outcome of events in such a way that a means could be found to save Tigranuhi. Once this had been achieved, the hour of battle approached.

I praise my valiant champion, *Tigran*, the lancer well-proportioned in all his limbs and perfect in stature, for he was vigorous, able to do everything appropriately, and in strength he had no equal. But why do I prolong my account? When the battle began, *Tigran,* with his spear, split open Azhdahak's iron armor like it was water. The tip of the spear went right through him, and when *Tigran* drew it out again, half of *Azhdahak's* lungs came out with his weapon. The combat was magnificent, for braves fought against other braves, and they did not turn their backs to each other very quickly. Therefore the battle stretched out over many hours. But the death of Azhdahak brought it to an end. And this incident, which added to his successes, increased Tigran's glory.

ԼԱ

Յաղագս թէ յուղարկեաց զճոյր իւր Տիգրանուհի ի Տիգրանակերտ. և վասն Անուշայ, առաջին կնոջն Աժդահակայ, և բնակութեան գերւոյն։

Պատմի և այս, թէ զկնի այսպիսի իրաց կատարման՝ յուղարկէ թագաւորապէս զքոյր իւր Տիգրանուհի մեծաւ ամբոխիւ ի Հայս, յաւանն՝ զոր շինեաց յիւր անուն Տիգրան, որ է Տիգրանակերտ, և զգաւառսն զայնոսիկ ի ծառայութիւն նմա հրամայէ։ Եւ զոստանն անուանեալ կողմանցն այնոցիկ ազատութիւն ի զարմից սորա ասէ լեալ, իբր թագաւորական զարմս։

Իսկ զԱնոյշ, զառաջին կինն Աժդահակայ, և զբազումս ի սերմանէն Աժդահակայ աղջկունս, հանդերձ պատանեկաւք և բազմութեամբ գերեացն, որչափ թէ աւելի քան զբիւր մի, բնակեցուցանէ յարևելեայ ուսոյ մեծի լերինն մինչև ի սահմանս Գողթան, որ են Տամբատ, Ոսկիողայ, Դաժգոյնք, և որ այլք առ եզերբ գետոյն դաստակերտք, յորոց մինն է Վրանջունիք, մինչև հանդէպ ամրոցին Նախճաւանու. և զերիս աւանսն, զԽրամ և զՋուղայ և զԽորշակունիս իսկ ի միւս կողմանէ գետոյն. զբոլոր դաշտն, որոյ գլուխն Աժդանական, մինչև ցնոյն ինքն ամուրն Նախճաւանու։ Բայց զնախասացեալ կինն Անոյշ բնակեցուցանէ որդւովք իւրովք յանդորրութեան սպառուածի փլածին մեծի լերինն։ Զորմէ լեալ ասեն յահագին իմն շարժմանէ. զոր պատմեն՝ որք բազմաշրջութեամբ հրամանաւ Պտղոմեայ ասպարիսաւք զբնակութիւնս մարդկան չափեցին, այլ և մասն ինչ զծով և զանբնակս յայրեցածէն մինչև զՔիմիւռոն։ Իսկ պաշտաւնեայս տայ Անուշայ ի նոյն Մարաց, որ առ ոտամբ լերինն բնակեցան։

31

Concerning how he sent his sister, Tigranuhi, to Tigranakert, and about Azhdahak's first wife, Anoysh, and the settlement of the prisoners.

It is also related that after the conclusion of these events, *Tigran* dispatched his sister, Tigranuhi, in royal fashion and with a great retinue, to the city in Armenia which he had built and named after himself—Tigranakert—and he commanded that the district should be placed in service to her. And *Mar Abas Catina* says that the autonomy of those regions, named ostan, derives from that line, as a royal line.

As for Anoysh, the first among Azhdahak's wives, *Tigran* settled her, together with many girls and boys from the seed of Azhdahak and more than 10,000 prisoners, *on territory extending* from the eastern flank of the great mountain as far as the borders of Golt'n, that is Tambat, Oskioghay, Dazhgoynk', and the other estates on the bank of the river, including Vranjunik', as far as opposite the fortress of Nakhchawan, and the three towns of Khram, Jughay, and Khorshakunik' on the other side of the river, *from* the entire plain, whose head is Azhdanakan, as far as the same fortress of Nakhchawan. Now as regards the aforementioned Queen Anoysh, *Tigran* settled her and her children on the extensive crags of the summit of the great mountain. (These formed from a terrible earthquake—as say those *explorers* who, at the command of Ptolemy, made many journeys and have measured in stadia *areas of* human habitation and also in part the sea and the uninhabited land from the torrid zone as far as K'imiwr'on.) *Tigran* gave servants to Anoysh from among the same Medes who lived at the foot of the mountain.

Յայտնեն զայս ճշմարտապէս և Թուելեացն երգք, զոր պահեցին ախորժելով, որպէս լսեմ, մարդիկ կողմանն գինեւէտ գաւառին Գողթան․ յորս շարին բանք երգոցն զԱրտաշիսէ և զորդւոց նորա, յիշելով այլաբանաբար և զզարմիցն Աժդահակայ, վիշապազունս զնոսա կոչելով․ զի Աժդահակդ՝ ի մեր լեզուս է վիշապ։ Այլ և ճաշ ասեն գործեալ Արգաւանայ ի պատիւ Արտաշիսի, և խարդաւանակ լեալ նմին ի տաճարին վիշապաց։ Այլ և Արտաւազդայ ոչ գըտեալ, ասեն, քաջի որդւոյն Արտաշիսի, տեղեկիկ ապարանից ի հիմնանալն Արտաշատու՝ նա անց, ասէ, գնաց և շինեաց ի մէջ Մարաց զՄարակերտ․ որ է ի դաշտին՝ որ անուանեալ կոչի Շարուրայ։ Այլ և տենչայ, ասեն, Սաթինիկ տիկին տենչանս՝ զարտախուր խաւարտ և զտից խաւարծի ի բարձիցն Արգաւանայ։

Եւ արդ՝ ո՞չ արդեաւք առաւել աստանաւր զարմացիս ի վերայ մերոյ ճշմարտապատմութեանս, թէ ո՛րպէս յայտնեցաք զանյայտ իրս վիշապաց, որք են յԱզատն ի վեր ի Մասիս։

This is confirmed by the rhythmic songs that the inhabitants the district of Golt'n, rich in wine, have carefully preserved, as I hear. These include the series of songs about Artashes and his sons. *The events* are recalled in allegorical fashion and also about the descendants of Azhdahak, whom they call descendants of the dragon, since Azhdahak in our *Armenian* language means "dragon." They say that Argawan arranged a feast in honor of Artashes and that there was a plot against him in the court of the dragons. They also say that Artavazd, the brave son of Artashes, did not find a place for *building* his mansion when *the city of* Artashat was founded. And so, he went and built *the place called* Marakert among the Medes, which is on the plain called Sharur. They say that Queen Sat'inik, *at her wedding banquet,* longingly craved the vegetable *called* artakhur and the shoot *called* tits' from the table of Argawan.

I wonder, are you not more astonished now at the truth of our narration, at how we have revealed the secrets of the dragons who live on the slopes of Azat Masis?

ԼԲ

Թէ ո՛յՖ ոմանՖ սորա զարմՖ, և ո՛յՖ ի սմանէ որոշեալ ցեղՖ:

Հաւաստի պատմել զբուն և զառաջին Տիգրանն և որ ինչ ի նմանէ գործք՝ սիրելի, որպէս ինձ պատմողիս ի մէջ իմոց բանից որ ինչ յաղագս Երուանդեանս Տիգրանայ բանք՝ եղիցի և քեզ ընթերցողիդ, որպէս այրն և գործք, այսպէս և զնմանէ բանք։ Վասն որոյ սիրեմ կոչել այսպէս ըստ քաջութեան Հայկ, Արամ, Տիգրան․ քանզի ըստ քաջացն՝ ազգք քաջք․ իսկ միջոցքն՝ որպէս դէպ ումեք թուիցի կոչել։ Բայց ըստ դիւցազնութեանն կարծեաց՝ ճշմարիտ է և աւելս մեր։ Ոչ Արամազդ ոք, այլ ի կամեցողսն լսին լինել Արամազդ չորից ևս այլոց անուանելոց ոմանց Արամազդ․ յորոց մի է և Կունդ ոմն Արամազդ։ Այսպէս և բազումք անուանեալք Տիգրան, մի է և միայնակ սա ի Հայկազանցս, որ զԱժդահակ սպան, և զտուն նորա ի գերութիւն վարեաց և զԱնոյշ մայրն վիշապաց․ աւժանդակ՝ կամաւք և յաւժարութեամբ Կիւրոս ունելով՝ զիշխանութիւնն Մարաց և Պարսից յինքն յափշտակեաց։

Սորա որդի Բաբ, Տիրան, Վահագն, զորմէ ասեն առասպելք աշխարհիս․

Երկնէր երկին, երկնէր երկիր,
երկնէր և ծովն ծիրանի.
երկն ի ծովուն ունէր և զկարմրիկն եղեգնիկ.
ընդ եղեգան փող ծուխ ելանէր,
ընդ եղեգան փող բոց ելանէր.
Եւ ի բոցոյն վազէր խարտեաշ պատանեկիկ.
նա հուր հեր ունէր,
ապա թէ բոց ունէր մաւրուս,
Եւ աչկունքն էին արեգակունք:

32

Concerning who *Tigran's* descendants were, and the clans deriving from him.

It has been pleasant for me as a historian to give an accurate account of the original and first Tigran, the son of Eruand, and to describe his deeds. O readers, may it also be *pleasant* for you to know about this man and his deeds, and *to have* an account of them. It *similarly* pleases me to arrange *the Armenian rulers* according to *their* bravery, in this order: Hayk, Aram, and Tigran. Their descendants also were braves. As for those of second rank, let each one define them as he chooses. Now when it comes to opinions about demigods, what we are relating is true: There is no Aramazd, but among those who want *Aramazd to exist*, it is heard that there are four or more different Aramazds, of which *only* one is a certain Kund[28] Aramazd. Similarly, although many bore the name Tigran, only this particular one, a descendant of Hayk, killed Azhdahak, and led his House into captivity, including Anoysh, mother of the dragons. *It was this particular Tigran* who, with the willing help and encouragement of Cyrus, seized for himself the power of the Medes and Persians.

Tigran's sons were Bab, Tiran, and Vahagn. About *the latter* the legends of our land relate:

> The sky was in labor, the earth was in labor,
> The purple sea also was in labor.
> In the sea was a red reed, also in labor.
> Out of the stalk of the reed smoke emerged.
> Out of the stalk of the reed flame emerged,
> And running out of the flame was a ruddy lad.
> He had hair of fire.
> He had a beard of flame
> And his eyes were suns.

---

28 *Kund:* "bald"

Զայս երգելով ոմանց փանդռամբ, լուաք մերովք իսկ ականջաւք: Յետ որոյ և ընդ վիշապաց ասէին յերգին կռուել նմա և յաղթել, և կարի իմն նմանագոյնս զՀերակլեայ նահատակութիւնսն նմա երգէին: Այլ ասեն զսա և աստուածացեալ. և անդրի ի Վրաց աշխարհին զսորա չափ հասակին կանգնեալ՝ պատուէին զոհիւք: Եւ սորա են զարմք Վահունիք. ի սորա կրտսեր որդւոյն Առաւանայ Առաւենեանք: Սորա Առաւան, սորա Ներսեհ, սորա Զարեհ. ի սորա զարմից և որ Զարեհաւանիցն կարդան ազգք: Իսկ սորա առաջին Արմոգ, սորա Բագամ, սորա Վահան, սորա Վահէ: Սա ընդվզեալ՝ մեռանի յԱղեքսանդրէ Մակեդոնացւոյ:

Յայսմ հետէ մինչև ցթագաւորութիւնն Վաղարշակայ ի Հայս՝ ոչ ինչ ճշմարտագոյն ունիմ պատմել քեզ. քանզի շփոթ իմն ամբոխից լեալ՝ այր զարամբ ելանէին տիրել աշխարհիս. և վասն այսորիկ դիւրամուտ ի Հայս լեալ Արշակ Մեծ՝ թագաւորեցուցանէ զեղբայր իւր զՎաղարշակ ի վերայ աշխարհիս Հայոց:

With our very ears we heard some people singing this to the accompaniment of the p'andir'. In their songs, they would also tell about *Vahagn,* that he fought with dragons and defeated them, in exploits very much resembling the heroic deeds of Heracles. They also tell that he was deified and that in the land of the Iberians they made a sizable statue *of him,* to which they offered sacrifices. From *Vahagn* descended the line of the Vahunik'. From his youngest son, Ar'awan, descend the Ar'aweneank'. He *fathered* Ar'awan, who *fathered* Nerseh, who *fathered* Zareh. From him come the clans of Zarahawanean descent. The first of this *clan* was Armok who fathered Bagam, who fathered Vahan who fathered Vahe'. *The latter* revolted and was killed by Alexander of Macedon.

From this point until the kingship of Vagharshak over the Armenians, I have nothing accurate to tell you. This is because, *in that period,* there was confusion caused by mobs, with one man trying to rise over the others to rule the land. As a result, it was easy for *the Parthian* Arshak the Great to enter Armenia and to set up as king over the land of the Armenians his own brother Vagharshak.

ԼԳ

Թէ Եղիական պատերազմն առ Տևտամաւ. և մեր Զարմայր ընդ Եթովպացի զաւրուն լինել սակաւուք, և ի նոյն մահ:

Երկուք այսոքիկ են, որք աշխատութիւն տագնապաւ մեզ ի վերայ ի քումմէդ հասուցանեն հարցասիրութենէ և համառաւտասիրութիւն, արագաբանութիւն. և այսոքիկ՝ պերճք և պայծառք, պղատոնականք իբր եղանել բանք. հեռի ի ստութենէ, և լի որ ինչ ընդդէմ ստութեան. և զայսոսիկ յառաջին մարդոյն մինչև զքեզ առ ժամայն պատմել: Եւ այսոցիկ ի միասին պատահել անհնարին է: Քանզի որ զամենայն ստեղծ, կարող գոլով ակնարկութեամբ ի քթթել ական զամենայն կացուցանել՝ ոչ այսպէս հաստատէ, այլ աւուրս որոշէ և կարգս ի ստեղծուածս. քանզի են ոմանք առաջնոյ և ոմանք երկրորդի և երրորդի և այլոցն աւուրց ստեղծուածք: Եւ այսու մեզ այսպիսի իմն ակնարկէ կարգս վարդապետութիւն Հոգւոյն: Իսկ զքո փափագ արտաքոյ այսպիսւոյ աստուածայնոյ տեսանեմք սահմանի, զի արդար և բնաւ և առ ժամայն ամենայնք քեզ եղիցին ասացեալ: Այլ առ ի մէնջ այսոքիկ կա՛մ յերկար, և քեզ ըստ կամաց, կամ փոյթ, և քեզ ոչ հաճելիք: Զի այսպէս ի քոյ հապճեպելոյ ահա ոչ ինչ յաղագս Մակեդոնացւոյն, և ոչ վասն Եղիականին ի կարգին նշանակեցաք, այլ զաւդեմք աւասիկ: Ոչ ունիմք ասել, իմաստո՞ւն կամ անհանճար աստանաւր լինել մեզ հիւսն, պատկանաւո՞ր կամ ոչ՝ զայնոցիկ այժմ ուրեմն զկնի հեղուելով բանս, զկարևորսն և մերոյս արժանի շարադրութեանս:

Եւ ո՞յք արդեաւք այսպիսեաց ճառից առաջինք, եթէ ոչ որք ի Հոմերոսէ պատմին. այն, որ վասն Եղիականին պատմի պատերազմին առ Տևտամաւ Ասորեստանեայց: Եւ մեր Զարմայր ի ծառայութեան Ասորեստանեայց սակաւուք ընդ Եթովպացի զաւրուն աւգնական Պռիամու, և անդ ի քաջացն Հելլենացւոց վիրաւորեալ մեռանի. այլ կամիմ յԱքիլլեայ, և մի՛ յայլմէ ումեքէ ի քաջացն:

33

The Trojan War in the time of Tewtamos, and *the participation of* our Zarmayr with a small Ethiopian force. *Zarmayr's* death.

Two things that are incumbent upon us in the urgency of composing this work, given your lust for learning, are pithiness and a fast narrative pace; and, together with these, an eloquent and lucid prose, as in the style of Plato—far from falsehood and full of that which is contrary to falsehood. In such manner are we to narrate *this History* to you from the first man to the present time. Yet to accomplish all these things at once is not possible. For even though the Creator of all was able to bring everything into existence in the blink of an eye, He did not do so; rather, He distinguished the days and taxonomized His creatures, seeing as some creatures were made on the first day, some on the second and the third, and others on the other days. With this teaching the Spirit indicates that we ought to approach our work in similar fashion, yet we see that your wish exceeds this divine limit, for everything must be narrated to you truly, thoroughly and swiftly. It is down to us, then, to either be thorough according to your wishes, or else to be swift and not pleasing to you. So, given your urgency, we omitted covering the Macedonian (or, Trojan) War in its proper place and instead appended it here. Is it wise or injudicious of us to fuse this here? Is it suitable to tack this on now—this sketch, that is worthy to be included in our composition? I cannot say.

  Which accounts shall I give priority to, if not those narrated by Homer, who narrated the Trojan War in the time of Tewtamos the Assyrian? It was our Zarmayr, in service to the Assyrians, who aided Priam with a small Ethiopian army, in which battle he was wounded and killed by the valiant Hellenes (or, as I would have it, by Achilles, and not by any other warrior).

Կատարեցան գիրք Առաջին ծննդաբանութեան
Հայոց Մեծաց:

*End of Book One, the Genealogy of
Greater Armenia.*

Ի ՊԱՐՍԻՑ ԱՌԱՍՊԵԼԱՑ

PERSIAN LEGENDS

Ի ՊԱՐՍԻՑ ԱՌԱՍՊԵԼԱՑ

—

Յաղագս Բիւրասպեայ Աժդահակայ։

Բայց զի՞նչ արդեաւք տարփանք քեզ՝ եւ Բիւրասպեայ Աժդահակայ փծուն եւ անճոռնի առասպելքն իցեն․ եւ կամ է՞ր սակս զմեզ Պարսից անյարմար եւ անոճ բանից, մանաւանդ թէ առաւել վասն անբանութեան, ռնես աշխատ, եւ անբարի առաջնոյ նորա բարերարութեան, եւ դիւաց նմա սպասաւորութեան, եւ ոչ վրիպեցուցանել կարելոյ զվրիպեալն եւ զսուտն․ եւ ուսոցն համբուրումն, եւ անդուստ վիշապացն ծնունդ, եւ յայնմ հետէ չարութեան յաճախութիւն, ծախել զմարդիկ ի պէտս որովայնի։ Իսկ ապա եւ Հրուդենայ ումեմն զնա կապել սարեաւք պղնձեաւք, եւ ի լեառնն տանել, որ կոչի Դըմբաւընդ։ Այլ եւ ի ճանապարհի ննջելն Հրուդենայ, եւ Բիւրասպեայ քարշելն ի բլուրն, եւ զարթչելն Հրուդենայ, եւ տանել զնա յայրս ինչ լերինն եւ կապել, եւ զինքն անդրի ընդդէմ նորա հաստատել․ յորմէ պակուցեալ՝ հնազանդեալ կայ շղթայիցն, եւ ոչ զաւրէ ելանել եւ ապականել զերկիր։

Զի՞նչ քեզ այսոքիկ կարաւտութիւն առասպելք սուտք, կամ զի՞նչ պէտք անմիտ եւ անհանճար բանից յարմարանք։ Մի՛ արդեաւք յունական պերճ եւ ողորկ առասպելքն իցեն հանդերձ պատճառաւ, որք զճշմարտութիւն իրաց այլաբանաբար յինքեանս ունին թաքուցեալ։ Այլ ասես՝ մեզ պատճառս տալ անբանութեան նոցա, եւ զարդարել զանզարդսն։ Նոյն առ ի յինէն քեզ բան․ զի՞նչ այսոքիկ կարաւտութիւնք․ ո՞րպիսի իղձք՝ անբաղձալւոյ իրիք բաղձալ եւ մեզ յաւելուլ աշխատութիւն։ Այլ տացուք զայսոսիկ՝ մանկականի քոյոց տիոց եւ անհասութեան խակութեանդ լեալ տարփանք։ Վասն որոյ եղիցի եւ աստանաւր լնուլ մեզ զփափագ կամաց քոց։

PERSIAN LEGENDS

—

Concerning Biwrasp Azhdahak.

But I wonder what your delight is in the impure and ridiculous legends about Biwrasp Azhdahak. Why do you trouble us for those foolish and incoherent Persian stories, notorious for their stupidity *about Azhdahak's* first benevolence; the service paid him by the demon; his inability to make the fake and false prevail; the kiss on the shoulders and the birth of the dragons as a result; then *more episodes about* the increase of evil, the devouring of people for the needs of his stomach; about how a certain Hruden bound him with bronze bands and led him to the mountain called Dembavend; and *the episode describing* how Hruden fell asleep during the journey and Biwrasp dragged him to the hill; and Hruden woke up and led him to a cave in the mountain and bound him and placed himself there opposite him; cowed by him, *Biwrasp* remained subject to his chains and was unable to arise and go out to ruin the earth.

What is this longing of yours for such false legends, what need do you have for such foolish and inappropriate words? Could it be that these are Greek fables, eloquent and polished, which have meanings hidden in them allegorically? Beyond this, you are asking us to provide you with *rational* reasons for their irrationality and to adorn something that is plain. Similarly, I would *like to* ask something of you: what need do you have for this? What pleasure do you take from desiring such undesirable expositions and increasing our labor? However, we shall provide them, since *the request* derives from your young age and your immature eagerness. Thus, we shall here satisfy that wish which you desire so much.

Ստորագրութիւնն, որ ինչ սակս Բիւրասպեայ հաւաստին։

Զպղատոնականն համարձակագոյն այժմ բարբառիմ. «Իսկ արդ արդեաւք իցէ՞ սիրելւոյ այլ ոք ես. քանզի եւ չէ իսկ ոք։ Զի ի վերայ այլոց անհնարիցն, հնարաւոր վասն քո աբարելոց մեր, կատարեմք եւ զայս. զի զորոց ատեմք զբանս եւ զգործս, եւ այնոցիկ մանաւանդ թէ լուրն զլսելիս մեր տաղտկացուցանէր՝ այսաւր ձեռամբ իմով շարագրեմ զայնոսիկ, միտս անմտութեան նոցա տալով, եւ զկարի վաղուց նոցա իրս եւ նոցա անհասանելիս աւասիկ յայտնեմ. միայն թէ եւ քեզ այսոքիկ ուրախութիւն եւ կամ շահ աւգտութեան։ Այլ ծանի՛ր զատելութիւն մեր առ այսպիսի բան, զի ոչ յառաջինսն մեր ասացեալ գիրս, եւ ոչ ի վերջին բանս արժանաւորեցաք շարել, այլ զատ եւ որիշ։ Եւ սկսայց այսպէս։

Ասացեալն ի նոցանէ Բիւրասպի Աժդահակ՝ առ Նեբրովթաւ նախնի նոցա։ Քանզի ի բաժանել լեզուացն ընդ ամենայն երկիր, ոչ խառն ի խուռն եւ ոչ անառաջնորդ այս լինէր. այլ աստուածայնով իմն ակնարկութեամբ գլխաւորք եւ ցեղապետք որոշեալք զիւրաքանչիւր սահմանս ժառանգեցին կարգաւ եւ զաւրութեամբ։ Եւ զայս Բիւրասպեայ հաւաստի անուն ճանաչեմ ես Կենտաւրոս Պիւռիդայ, ի քաղդէականի գտեալ մատենի։ Սա ոչ քաջութեամբ քան թէ հարստութեամբ եւ ճարտարութեամբ զցեղապետութիւն ազգին իւրոյ ունէր, հնազանդեալ Նեբրովթայ. եւ հասարակաց զկենցաղս կամէր ցուցանել ամենեցուն, եւ ասէր՝ ոչ ինչ իւր առանձին ումեք ունել պարտ է, այլ հասարակաց։ Եւ ամենայն ինչ նորա յայտնի էր բան եւ գործ. եւ ի ծածուկ ինչ ոչ խորհէր, այլ զամենայն յանդիման արտաքս բերէր լեզուաւ զծածուկս սրտին։ Եւ զել եւ զմուտ բարեկամացն որպէս ի տուընջեան նոյնպէս եւ ի գիշերի սահմանէր։ Եւ այս է առաջին նորա ասացեալ անբարի բարերարութիւնն։

Description of what is believable in *the story of* Biwrasp.

Now I will freely quote from Plato: "Could someone be as a friend to oneself? It is not possible." But for you, in addition to those other impossible things which we have made possible, we shall fulfill this *request* as well. The stories and deeds which we shall describe—and especially those the mere telling of which offends our ears—I shall set down with my own hand today, giving a meaning to their meaninglessness. If only to provide you with some pleasure or useful profit, behold I shall reveal their *the Persians'* most ancient matters, which they themselves do not understand. However, be aware of the hatred we have for such *fabulous* discourse: for we did not speak of *the Persian fables* in our first book, nor did we find them worthy of inclusion even at the end of that account. Instead, *I put them here*, in a separate and different place. Now I will begin with the following.

The one they called Biwrasp Azhdahak, who was their ancestor, lived in the time of Nimrod. At the time that the languages were divided up around the world, this *division and separation* did not happen randomly and aimlessly, but as though by divine command, the chiefs and leaders of the tribes were decided upon, each of which legally and confidently inherited his own borders. And I recognize for sure in the name Biwrasp *the name of* the Centaur Piwrid, found in a Chaldaean book. *Biwrasp*, subject to Nimrod, held the headship of his clan not so much by his own valor as by wealth and cunning. He wanted to show everyone a life in common, and he said that no one should have anything privately but, rather, shared. Everything of his was open, both word and deed. He had no hidden thoughts, for all the secrets of his heart he brought out into the open with his tongue. Day or night he permitted his friends to come and go freely. And this *communalism* is the first of his so-called wicked benefits.

Այլ քանզի աստեղաբանութեամբ հզաւր եղեալ՝ յաւժարեցաւ ուսանել եւ զկատարեալ չարութիւնն․ եւ այսոքիկ անկարելիք նմա․ քանզի որպէս վերագոյնն ասացաք՝ սովորութիւն ունէր պատրանաց աղագաւ առ բազումս՝ ոչ ինչ ի ծածուկ գործել, եւ զայնպիսի վերջին եւ կատարեալ չարութիւն յայտնի ուսանել կարողութիւն ոչ էր։ Հնարի այսպիսում ուսման դառնութեան հնարս, եւ ցաւս ինչ յորովայնի ունել բաղբաղէր չարաչարս, որ ոչ այլով իւիք, քան թէ բանիւ իմն եւ անուամբ սոսկալեաւ բժշկիցի, զոր վայրապար լսել ումեք ոչ է կարողութիւն։ Եւ այս սովորեալ, որ զչարութիւնն նիւթէր, ուսուցանէր նմա ի տան եւ ի հրապարակս․ անկասկած զգլուխն ի վերայ ուսոցն Բիւրասպեայ դնելով եւ խաւսելով յականջսն՝ ուսուցանէր զանբարի արուեստն․ զոր յառասպելին՝ մանուկ սատանայի, ասեն, սպասաւորելով լինէր կամակատար․ եւ ապա վասն որոյ պարգեւ ի նմանէ խնդրեալ՝ համբուրէր զուսսն։

Իսկ վիշապացն բուսումն, կամ կատարելապէս վիշապանալն Բիւրասպեայ, որ ասի, է այս։ Քանզի անբաւ մարդիկ սկսաւ զոհել դիւաց․ մինչեւ տաղտկանալ ի նմանէ բազմութեանն եւ միաբանեալ ամենեցուն եւ հալածել, եւ փախչել նմա ի նախասացեալ լերինն կողմանս․ եւ ի սաստիկ վարելոյն զնա՝ թաւթափեցաւ ամբոխ նորա ի նմանէ։ Յայս վստահացեալ վարողացն զնա՝ հանգեան աւուրս ինչ զտեղեաւքն։ Իսկ Բիւրասպեայ ժողովեալ զցրուեալսն՝ յանկարծաւրէն հասանէ ի վերայ, վնաս սաստիկ առնելով․ այլ յաղթէ բազմութիւնն, եւ փախստական լինի Բիւրասպի․ եւ հասեալ սպանանեն զնա մերձ ի լեառնն, եւ ընկենուն ի վիհ մեծ ծծմբոյ։

Now because he was knowledgable in astrology he was eager to perfect his evil—but this proved impossible for him. As we said above, for the sake of deceiving the majority he had the habit of doing nothing in secret. However, to study openly this final and perfect evil was impossible. For such study he resorted to a bitter strategem—feigning severe pains in his stomach that could be healed in no other way than by uttering some frightful word or name, which no one could hear lightly. Adapting to this *new arrangement* the creator of the evil taught him at home and in public places, calmly putting his head on Biwrasp's shoulders and speaking into his ears, instructing him in the evil art. The legend of this states that the small demon served *Biwrasp* and fulfilled his desires and then kissed his shoulders, requesting a reward for himself.

As for the growth of the dragons, or Biwrasp's completely becoming a dragon, *the story* as is told, is this: because *Biwrasp* had begun to sacrifice to the demons an untold number of people, the multitude of the people became disgusted with him. They united together and pursued him, and he fled to the areas around the mountain mentioned above. As *the pursuers* pressed hard upon him, his host abandoned him. Assured by this, his pursuers rested for a few days in those areas. Meanwhile, Biwrasp collected those who had scattered and suddenly came upon *his pursuers*, inflicting severe harm. However, the multitude *finally* gained the victory and Biwrasp fled. They seized and killed him near the mountain and threw him into a great pit of sulfur.

www.sophenearmenianlibrary.com

SOPHENE

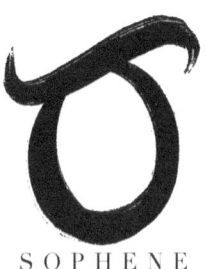

www.ingramcontent.com/pod-product-compliance
Lightning Source LLC
Chambersburg PA
CBHW020416080526
44584CB00014B/1355
9781923051201